I0348514

चित्र प्रतिमा

[ओड़िआ नाटक]

चित्र प्रतिमा

[ओड़िआ नाटक]

लेखक : गौरहरि दास

अनुवाद : प्रदीप कुमार राय

BLACK EAGLE BOOKS

USA address:
7464 Wisdom Lane
Dublin, OH 43016

India address:
E/312, Trident Galaxy, Kalinga Nagar,
Bhubaneswar-751003, Odisha, India

E-mail: info@blackeaglebooks.org
Website: www.blackeaglebooks.org

First International Edition Published by
BLACK EAGLE BOOKS, 2025

CHITRA PRATIMA
by **Gourahari Das**
Translated by **Pradip Kumar Roy**

Original Copyright © **Gourahari Das**
Translation Copyright © **Pradip Kumar Roy**

All rights reserved. No part of this publication may be reproduced, stored in a retrieval system, or transmitted, in any form or by any means, electronic, mechanical, photocopying, recording or otherwise without the prior permission of the publisher.

Cover : **Tanuj Mallick**
Interior Design: Ezy's Publication

ISBN- 978-1-64560-658-1 (Paperback)

Printed in the United States of America

चित्र प्रतिमा (नाटक) – एक संक्षिप्त परिचय

यह नाटक एक दो पीढ़ियों वाले एकल परिवार (micro family) की कहानी है। नाटक के पात्रों के पीढ़ीगत अंतर को प्रदर्शित करने के अलावा परिवार के भिन्न-भिन्न लोगों के बीच की मनस्तात्विक विभिन्नता तथा स्वीकार्यता को इस नाटक में अधिक तरजीह दी गई है। नाटक में कुल चार पात्र हैं – पिता, माता, बेटी और दामाद। माँ गृहिणी है। बेटी नौकरी करती है, उच्च पदासीन दामाद के साथ एक ही शहर में वह अलग रहती है। लेकिन माँ-बाप के पास वह अक्सर आती जाती रहती है। माँ के साथ गपशप के दौरान अपने पारिवारिक जीवन से संबंधित अंतरंग समस्याओं को वह साझा करती है। युक्तिपरक तर्क भी किया करती है। बात-बात पर पति के साथ उसका मन-मुटाव हो जाया करता। अक्सर छोटी-छोटी बातों पर वह नाराज हो जाया करती। दरअसल अपने पिता को वह दुनिया का सर्वश्रेष्ठ तथा सुदर्शन पुरुष मानती है। बात-बेबात पति की तुलना वह पिता के साथ करती तथा हर बार अपने पिता की तुलना में पति उसे न्यून लगते। दामाद के साथ बेटी के इस व्यवहार का खुलासा एक दिन माँ-बाप के सामने हो जाता है। माँ चिंतित हो पड़ती है तथा अपने पति के साथ उसकी अपनी अनुभूति तथा अपने सुचिन्तित व्यवहार को बेटी के साथ साझा करते हुए

उसे उपदेश दे डालती है, जो उसकी बिखरती हुई गृहस्थी को सँवार देती है।

इस नाटक का सबसे शक्तिशाली पहलू है इसका संवाद। संवाद के जरिए ही कोई नाटक आगे बढ़ता है। प्रस्तुत नाटक के संवादों में गभीर और गंभीर दोनों ही आवेदनों की उपस्थिति पाठकों तथा दर्शकों को स्पर्श करेगी, ऐसी मेरी धारणा है। दूसरी बात यह है कि इस नाटक में जिस समस्या का जिक्र किया गया है वह हमारे समाज की एक ज्वलंत समकालीन समस्या है, जो आज घर-घर में व्याप्त है।

प्रस्तावना

आज जब मैं पीछे मुड़ कर देखता हूँ तो मेरी निगाह ठहर जाती है 17 मार्च 2024 की शाम 'भंज कला मंडप' में जहाँ मेरे लिखे नाटक "चित्र प्रतिमा" का मंचन किया गया था। वहाँ पर उपस्थित दर्शकों की प्रतिक्रिया का ध्यान आते ही मैं विस्मित हो जाता हूँ। नाटक खत्म हो चुका है। मंच अंधेरे से उजाला हो उठा, पर निस्तब्ध दर्शक अपनी जगह से हिल नहीं रहे हैं। सम्मोहित हो कर सभी अपने-अपने आसन पर बैठे रहे। दो-तीन मिनट यूं ही गुजरने के बाद सम्मिलित तालियों से प्रेक्षागृह गूंज उठा तथा माहौल स्वाभाविक हुआ। उस दृश्य को देख कर मेरी आँखों के आंसुओं को मैं रोक नहीं पाया। ये खुशी के आँसू थे। फिर निर्देशक के साथ मुझे भी मंच पर बुलाया गया। तब मैं वाक-शून्य हो गया था। थोड़े शब्दों में अपनी वक्तृता समाप्त कर मैं मंच से उतर आया था।

चित्र-प्रतिमा को इतनी सफलता कैसे मिली? पहली बार 17 मार्च को 'भंज कला मंडप' में इसके मंचन के बाद भुवनेश्वर के तमाम नाटक प्रेमियों ने इसे और एक बार मंचस्थ करने के लिए नाटक के निर्देशक तथा प्रायोजक 'वाग्देवी लिटरेचर ट्रस्ट' को अनुरोध किया था। उनके आग्रह को सम्मान देकर इस नाटक का फिर एक बार 4 अप्रैल 2024 को मंचन किया गया। इससे पहले मेरे किसी भी नाटक का एक महीने के अंदर दो बार मंचन नहीं हुआ था। 'रवींद्र मंडप' में भी 'भंज कला मंडप' की तरह यह नाटक सफल हुआ था तथा दर्शकों की प्रशंसा बटोरी थी। इस नाटक के प्रति लोगों का आग्रह कम होता न देख प्रायोजक संस्था ने भुवनेश्वर दूरदर्शन केंद्र से इसके प्रसारण की व्यवस्था की। 4 अप्रैल 2024 रात 9 बजे भुवनेश्वर दूरदर्शन केंद्र से यह नाटक प्रसारित होकर ओड़िशा के विभिन्न इलाके तक पहुँचा। आज भी मैं खुद से यह प्रश्न पूछता हूँ कि इस सफलता का कारण क्या है? मेरी अपनी धारणा के अनुसार इस मनस्तात्विक नाटक के सफल मंचन का कारण निर्देशक श्री पवित्र महांती की मंच-परिकल्पना थी, जो दर्शकों को अच्छी लगी थी। इसके अलावे अभिनेत्री ममता त्रिपाठी का जीवंत अभिनय तथा संगीत संयोजन को भी खूब सराहा गया था। यह जानकारी देते हुए जब मैंने निर्देशक को बधाई दी तो उन्होंने मुझे बीच में ही रोक कर कहा था, "इस नाटक का सबसे शक्तिशाली पहलू है इसका संवाद। संवाद के जरिए ही कोई नाटक आगे बढ़ता है। प्रस्तुत नाटक के

संवादों में गभीर और गंभीर दोनों ही आवेदनों की उपस्थिति दर्शकों को स्पर्श कर गई। दूसरी बात यह है कि इस नाटक में जिस समस्या का जिक्र है वह हमारे समाज की एक समकालीन समस्या है, जो आज घर-घर में व्याप्त है। इसलिए दर्शकों ने बड़ी आसानी से इस नाटक के साथ अपने को जोड़ लिया। दरअसल कहानी, नाटक या उपन्यास जिसकी विषयवस्तु के साथ पाठक-दर्शक स्वयं ही जुड़ जाते हैं वह उन्हें अच्छा लगता है। वे अपनी समस्याओं को उस नाटक में जीवंत देखते हैं।" उनकी यह बात सच है। इक्कीसवीं सदी के पहले दशक को भारत का लैपटॉप, व्हाट्सअप, ई-मेल, फ़ेसबुक, इन्फॉर्मेशन टेक्नॉलजी का समय कहा जा सकता है। आइटी सेक्टर के विकास से लाख-लाख युवक-युवतियाँ रातोंरात व्यस्त लोगों में शामिल हो गए। उनमें से अनेकों ने विदेशों में जाकर भारी-भरकम रोजगार हथिया लिए और वहीं पर बस गए। जो लोग भारत में रहे वे भी इन व्यस्त नौकरियों में डूबे रहे। ऐसी नौकरियों में पारंपरिक कार्य के लिए उन्हें समय नहीं मिला। दिन-रात एक जैसा हो गया। दिन के चौबीसों घंटे उनके कार्य-काल में शामिल हो गया। युवक या युवतियाँ लैपटॉप लेकर जहाँ बैठ गए, वह चाहे दफ्तर हो, घर हो, कॉल सेंटर हो, रेस्तरां हो या स्टेशन, एयरपोर्ट – वह स्थान ही बन गया उनका दफ्तर। पहले दफ्तर का काम दरा से पाँच हुआ करता था। अब दफ्तर के काम के समय की परिभाषा बदल गई। नए युवक-युवतियाँ शुरू से ही मोटी तनख्वाह पाने लगे। जिस कारण

उनके हाथ में प्राचुर्य आ गया। गाड़ी, मकान या हवाई भ्रमण.. जो पहले सपना हुआ करता था, वह आज वास्तविकता में बदल गया। तरुण हो या तरुणी, दोनों ही आज समृद्ध, आत्मनिर्भर तथा आत्मविश्वासी बन गए हैं। नया समय आ गया है। बहरहाल यह नया समय अपने प्राचुर्य और आत्मनिर्भरता इत्यादि उपहारों के एवज में एक महत्वपूर्ण उपहार माँग बैठा है। वह है समय। वेग बढ़ा, आवेग कम हो गया। आदमी मशीनी व्यस्तता में डूब गया। धीरे-धीरे इसके पार्श्व प्रभाव अनुभूत हुए। आधुनिक मनुष्य हर बात को उपयोगिता के पैमाने पर मापने लगा। इस बार भी वैसा ही हुआ। अधिक काम, अधिक उपार्जन। टारगेट बड़ा, पैकेज बड़ा। इस दौरान अवकाश, परिवार के साथ खुशगवार बातचीत, चित्रकला, संगीत, नृत्य इत्यादि के लिए समय निकालना संभव नहीं हो पाया। मनुष्य आहिस्ता-आहिस्ता यांत्रिक बन गया। सचमुच जैसे उसे मशीन के साथ प्रतिद्वंद्विता करनी है। आज इन बातों पर आलोचना करते समय रोबोट आ चुका है तथा आर्टिफ़िशीयल इन्टेलिजेन्स सिर्फ कल्पनाओं में सीमित होकर नहीं रह गया है। आने वाले दिनों में हमें स्रष्टा और सृष्टि अर्थात मनुष्य और मशीन के बीच विभिन्न प्रकार की प्रतियोगिता देखने को मिलेंगी, इसमें लेशमात्र भी संदेह नहीं है।

परिवर्तन सिर्फ यहाँ स्थिर हो कर नहीं रह गया। परिवार के अंदर भी इसके प्रभाव देखने को मिले। पारंपरिक व्यवस्था के

अनुसार पुरुष काम पर बाहर जाते थे तथा पत्नी घर में रह कर गृहस्थी संभालती थी, बच्चों का लालन-पालन करती थी। नई व्यवस्था में पुरुष और नारी समान हो गए। दोनों के पास हैं ऊंची शिक्षा, ऊंची तालीम और ऊंची अभिलाषा। किसी के लिए कोई अपना स्वार्थ त्यागने के लिए तैयार नहीं होता। पुरुष और नारी के बीच युगों से चली आ रही अप्रत्यक्ष प्रतियोगिता अब स्पष्ट हो गया। सवाल उठा, नारी ही क्यों बच्चे पैदा करेगी और उनके लालन-पालन में व्यस्त रहते हुए अपने भविष्य को वह स्वयं ही क्यों खराब करेगी? अगर इस समस्या से वह मुँह फेर लेती है तो आसानी से वह पुरुष के समकक्ष होने में कामयाब हो जाएगी। हो सकता है वह शादी भी करे पर माँ होना उसके लिए अनिवार्य नहीं होगा। यहाँ जो पक्ष गौण हो गया, वह है संतान को जन्म देना। माँएँ बच्चे पैदा नहीं करेंगी तो संसार भी बढ़ेगा नहीं। बच्चे सिर्फ परिवार की संख्या ही नहीं बढ़ाते हैं, परिवार के आवेगिक संतुलन तथा मानसिक समन्वय को बनाए रखने में भी सहायक होते हैं। छोटे बच्चों के बगैर परिवार एक शीतल बर्फ के पहाड़ के समान है। लेकिन मुक्ति की कामना करती हुई कुछ महिलायें इन बातों को पहले की तरह अधिक महत्व नहीं देती हैं। लीव-इन रीलैशनशिप, आत्म-विवाह, समलिंगी विवाह जैसी बहुत सी घटनाएं घटती हैं जो पुराने रिवाजों के प्रतिकूल हैं। आर्थिक स्वतंत्रता नारी को आत्मविश्वासी बनाने के साथ-साथ पुरुष से सवाल करने का भी अधिकार देती है। वह पूछती

है, "हम दोनों एक ही समय ऑफिस गए थे एक ही समय वापस आए। फिर क्यों तुम ड्रॉइंग रूम में बैठ कर टीवी देखोगे और मैं रसोई में जाकर तुम्हारे लिए चाय बनाऊँगी। तुम क्यों नहीं मुझे चाय बना कर दोगे?" यह सवाल नारियों के मन में पहले से नहीं था, ऐसी बात नहीं है, इसे बस वह पूछ नहीं पाती थी। पूछने के लिए समाज उसे इजाजत नहीं देती थी। पति की सेवा ही नारी का एकमात्र कर्म है। पति के पाँव के नीचे पत्नी का स्वर्ग होता है, पतिव्रता ही श्रेष्ठ धर्म है... इन्हीं धारणाओं से समाज में पारंपरिक मूल्यबोध की सृष्टि हुई थी। आज वह सब डांवाडोल हो गया है।

प्रत्येक साहित्य अपने समय की बातें बताती है। उसमें उस समय की सामाजिक तथा सांस्कृतिक छवि दिख जाती है। बीसवीं शताब्दी के साहित्य में एक अलग ही छवि दिखती थी, जो आज पुरानी हो चुकी है। अब नई-नई बातें हमारे सामने परिलक्षित हो रहे हैं। 'चित्र प्रतिमा' की कहानी इन्हीं समसामयिक छवियों में से एक है। यही कारण है कि 'चित्र प्रतिमा' नाटक दर्शकों को बाँध कर रख पाया, यह मेरा विश्वास है।

फिर एक बार 17 मार्च 2024 की शाम को वापस चलते हैं। नाटक देख कर वापस घर जाने के थोड़ी देर बाद 'फ़ेसबुक' में श्रीमती सुकांति महापात्र का एक पोस्ट मैंने पढ़ा। मैं विस्मित हो गया, जब मैंने देखा कि वह 'चित्र प्रतिमा' नाटक की एक मोहक

संक्षिप्त समीक्षा है। उनकी उस संक्षिप्त अंग्रेजी टिप्पणी को मैं यहाँ पुनः उद्धृत करता हूँ।

"I had the privilege of witnessing a truly remarkable theatre performance at Bhanja Kala Mandap. From the moment the curtains rose, I was transported into a world of captivating storytelling and unparalleled talent.

Every aspect of the production of the play 'Chitra Pratima' by Dr. Gourahari Das, from the flawless acting to the masterful direction of veteran director and actor Pabitra Mohanty, Mamata Tripathi Madam, Miss Subhangi and the meticulous attention to detail in stagecraft, left me in awe. The dialogue delivery was so genuine and compelling that I felt every emotion reverberating through the theatre.

But what truly set this performance apart was the script - a beautifully crafted narrative that resonated deeply with the audience. It was a family story that touched the outer and inner self of a human being and how it is reflected in the relationship, themes brought to life with authenticity and depth.

As I left the theatre, I couldn't help but marvel at the sheer brilliance of the cast and crew who poured their hearts and souls into creating such a memorable experience. It was a testament to the power of art to move, inspire, and unite us all. The play held the audience spellbound and in the last scene tears welled up in everyone's eyes."

इस नाटक को देखने वाले कई दर्शकों ने अपना सुझाव दिया है कि मंचसज्जा, विषय के चुनाव तथा निर्देशन की दृष्टि से यह नाटक इतना सफल हुआ है कि कई दिनों तक उन्हें यह याद रहेगा। वस्तुतः चार चरित्रों को लेकर लिखा गया यह नाटक उनके प्रतिष्ठान का 'सर्वोत्तम नाटक' है, वाग्देवी लिटरेचर ट्रस्ट के ट्रस्टी डॉ आलोक कानुनगो ने मुझसे यह कहा था। समाचार पत्र तथा अन्य पत्र-पत्रिकाओं में भी 'चित्र प्रतिमा' के संबंध में उत्साहजनक टिप्पणियाँ प्रकाशित हुई थी।

उनमें से **'पूर्वरंग'** पत्रिका में प्रकाशित **डॉ निवेदिता जेना** की ओड़िआ में लिखित "चित्र-प्रतिमा'र चित्रित रंगमंच" शीर्षक लघु निबंध का हिन्दी अनुवाद यहाँ मैं उद्धृत कर रहा हूँ।

"वाग्देवी लिटरेचर ट्रस्ट, भुवनेश्वर द्वारा प्रस्तुत नाटक 'चित्र प्रतिमा' भुवनेश्वर के रवींद्र मंडप में 4 अप्रैल 2024 को प्रदर्शित हुआ था। नाटक की रचना गौरहरि दास ने की थी तथा निर्देशन पवित्र महांती का था। मंच-परिकल्पना ने नाटक को गति प्रदान करने में सहायता की थी। नाटक के अंतिम उपादान की समालोचना पहले करने का कारण पाठक थोड़ी देर में समझ पाएंगे। इस नाटक के कहानी में 'pace' या 'tempo' अर्थात 'गति' विलंबित लय से चल रही थी। लेकिन लगातार बदलती हुई पृष्ठभूमि जैसे डाइनिंग रूम, बेड रूम, बगीचा, किसी दूसरे परिवार का बेड रूम इत्यादि दृश्यों में अलग-अलग स्थानों को दिखा कर उस

विलंबित लय को अति चमत्कारिता से त्वरित लय में परिवर्तित किया गया था। यह द्रुत वाह्य परिपाटी मूल कहानी की गति को तनिक भी प्रभावित किए बिना कहानी के शिथिल कदमों को एक मानसिक चंचलता प्रदान कर रही थी। निपुण मंच-कौशल तथा निर्देशकीय चातुर्य के अपूर्व समन्वय के कारण ही यह संभव हो पाया था। नाटक के समुचित अवधि में पाठक एक द्रुतगामी ट्रेन के वातानुकूलित डिब्बे में अपने प्रिय कवि की कविता पढ़ने की विलासिता को महसूस कर पाएंगे। यह चमत्कृत अनुभूति यदि किसी दर्शक या पाठक में कभी नहीं हुई हो तो वे इस अनुभव को परखने के लिए शताब्दी या राजधानी एक्सप्रेस से दिल्ली जाने के लिए टिकट काट सकते हैं या फिर देख सकते हैं 'चित्र प्रतिमा' नाटक… चुनने का फैसला आपका है।

मंचसज्जा विभाग पर नाटक की समीक्षा कइयों को अवश्य ही आश्चर्यचकित की होगी। लिहाजा यह नाटक की समीक्षा होने के साथ-साथ एक चमत्कृत मंच परिकल्पना की भी समीक्षा होगी। इसलिए मंचसज्जा विभाग पर स्थानित होना तर्कसंगत लगता है।

मंचस्थ नाटक के अन्य उपादान जैसे, अभिनय, आलोक सम्पादन, संगीत इत्यादि की पूर्व-प्रस्तुतियों को तनिक रगड़-चमका कर नाटक का त्रुटिविहीन मंचन किया गया था। बहरहाल इस नाटक की मंचसज्जा ही नाटक का हीरो यानी नायक था।

यह नाटक एक एकल परिवार (micro family) की कहानी है। इसके पात्रों के बीच की पीढ़ीगत अंतर को दर्शाने के अलावा परिवार के भिन्न-भिन्न लोगों के बीच की मनस्तात्विक विभिन्नता तथा स्वीकार्यता को इस नाटक में अधिक तरजीह दी गई है। आज भी यह समझा जाता है कि पति और पत्नी दोनों एक मन और एक आत्मा हैं। उनके बीच कोई गोपनीयता नहीं होनी चाहिए, यहाँ तक कि एक के पर्स तथा मोबाइल पर दूसरे के अधिकार को स्वाभाविक माना जाता है। एक छत के नीचे रहने वाले पति-पत्नी में से किसी एक का व्यक्तिगत स्पेस या अपने व्यक्तिगत जीवन के कुछ पल को अपने ढंग से व्यतीत करने का आग्रह रखना, भारतीय जीवन शैली में संदेह पैदा करता है। 'चित्र प्रतिमा' में वैसी ही एक पारंपरिक भावना के प्रति कुठाराघात किया गया है। दो लोग आपसी समन्वय तथा सामंजस्य के जरिए एक सुंदर दाम्पत्य जीवन निर्वाह कर तो सकते हैं पर वे दोनों एक दूसरे के कार्बन कॉपी या हूबहू नकल नहीं हो सकते। उनकी वैयक्तिक भिन्नता ही उनके जीवन को सुंदर बनाता है, जीवंत कर देता है। इसे स्वीकार करना पड़ेगा बस.. महज यही तो कहता है नाटक 'चित्र प्रतिमा'।

इस नाटक में कुल चार पात्र हैं – पिता, माता, बेटी और दामाद। माँ गृहिणी है। बेटी नौकरी करती है, उच्च पदासीन दामाद के साथ उसी शहर में अलग रहती है। लेकिन माँ-बाप के पास

अक्सर आती जाती रहती है। घर में माँ के साथ गपशप करती है, अपने पारिवारिक जीवन से संबंधित समस्याओं के बारे में कहती है। युक्तिपरक तर्क भी किया करती है। घर में अपने पति के साथ बात-बात पर उसका मन-मुटाव हो जाया करता है। भोजन करते समय 'डाइनिंग एटीकेट' (dining etiquette) यानी किस हाथ में चम्मच और किस हाथ में छुरी होनी चाहिए.. ऐसी छोटी-छोटी बातों पर वह अक्सर नाराज हो जाया करती। वह अपने पिता को दुनिया के सर्वश्रेष्ठ तथा सुदर्शन पुरुष मानती है। वे कुछ भी करते हैं, जैसे कि उनके खाने, पहनने, बात करने, संगीत सुनने इत्यादि में उनकी रुचि सबसे सुंदर, अनन्य और अप्रतिम है। वह अपने पति को पिता के साथ अक्सर तुलना किया करती तथा हर बार अपने पिता की तुलना में पति उसे न्यून लगते। दागाद के साथ बेटी के इस व्यवहार का खुलासा एक दिन माँ-बाप के सामने हो जाता है। माँ चिंतित हो पड़ती है तथा अपने सुचिन्तित व्यवहार और अनुभूति को बखानने के बहाने उसे उपदेश दे डालती है, जो उसकी बिखरी हुई गृहस्थी को सँवार देती है।

नाटक के विलंबित लय के बारे में मैंने पहले से ही कह दिया है। इसलिए संवादों को नाटक के विभिन्न जोन में व्यवहार कर तथा अधिक से अधिक घटनाओं का समावेश करते हुए निर्देशक ने नाटक की एकरसता (monotony) यानी अपरिवर्तनीयता को तोड़ने का प्रयास किया है। जिसके लिए उन्होंने मंच के सम्मुख दाहिने

(down stage right), केंद्र (centre) तथा बाएं (down stage left) स्थान को क्रमानुसार डाइनिंग हॉल, आने-जाने का रास्ता (space) तथा पिताजी की लाइब्रेरी में रूपांतरित किया था। डाइनिंग टेबुल पर है पानी का जग और ग्लास, फिर खाना खाते समय कैसरोल (casserole), सर्विंग डिश (serving dish), प्लैटर (platter), कटोरी, थाली, चम्मच इत्यादि रख दिए जाते हैं, फिर भोजन खत्म होने पर वापस रसोई (मानो मंच के बाहर है) में ले जाए जाते हैं। इधर पिताजी की छोटी लाइब्रेरी में एक छोटा परंतु सुंदर काउच है। पिताजी वहाँ बैठते हैं या सोते हैं तथा हेडफोन लगा कर गाने सुनते हैं। पास पड़ी किताबों की छोटी सी शेल्फ में पिता, माता और बेटी का एक ग्रुप फ़ोटो है जो एक सुखी परिवार का परिचायक है। गृहिणी तथा गृहकर्ता के सूक्ष्म रुचि का परिचायक है गृहसज्जा, जिसे निर्देशक ने बड़ी सचेतनता से प्रदर्शित किया है। मंच के केन्द्रीय स्थान को खाली रखकर निर्देशक ने अभिनय के लिए स्थान तो बनाया ही है, साथ ही बेवजह सामानों की बहुतायत से बनी बोरियत स्थिति से दर्शकों को बड़ी चतुरतापूर्वक उबारा है।

इस परिवार का छोटा सा एक बगीचा भी है, जिसे मंच का डेड-ज़ोन यानी अभिनय ज़ोन के सामने के हिस्से (apron) की परिकल्पना की गई है। रोशनी न होने के कारण हो या उसे उपयोग में न लाए जाने के कारण इसे डेड ज़ोन (dead zone) के नाम से जो जाना जाता है, इस विषय पर मुझे संदेह है। इस apron को अमूमन

कोई उपयोग में नहीं लाता है। लेकिन 'चित्र प्रतिमा' के मंच की परिकल्पना में इस भाग को अत्यंत महत्वपूर्ण स्थान के रूप में परिवर्तित किया गया है। पाश्चात्य नाट्य-तत्व कहता है, "The apron extends beyond the proscenium giving performers the choice of breaching the proscenium wall and moving closer to the audience." (Damerow K & Benjamin Truitt : 2023)

Apron में स्थित मिट्टी के गमले के हरे पौधे में लाल, पीले, गुलाबी फूलों के रंग की शोभा किसी तरह की आलोचना को नीरस होने से बचाया है। मंच के पिछले हिस्से यानी upstage को बेटी और दामाद के एक बड़े शयन कक्ष की कल्पना की गई है। समूचा छह फुट का एक बिस्तर, उसके पास एक बेड-टेबल, बेडलैंप, स्टूल, इनडोर प्लांट इत्यादि रखने के लिए बहुत सी जगह की आवश्यकता थी। इस space का उपयोग बड़ी चतुराई के साथ करते हुए apron के हिस्से को उपयोग में लाया गया है, जो संभवतः अति रुचिकर बन गया।

सटीक वास्तववादी मंच की परिकल्पना में अति सुंदरता से प्रतीकात्मकता का भी प्रयोग किया गया है। एक अर्द्धनारिश्वर चित्र में आधा नारी का चेहरा तथा आधे पुरुष के चेहरे के बीच का फासला बेटी-दामाद के रिश्ते में दरार को दर्शाता था। बाद में नारी और पुरुष के संबंध में जब सुधार हो जाता है यानी आपसी समझ-बूझ की

कमी जब उनमें से दूर हो जाती है तब ये आधे चेहरे आपस में जुड़ कर यह दर्शाते हैं कि आदमी और औरत एक दूसरे के परिपूरक हैं।

'चित्र प्रतिमा' नाटक के निर्देशक श्री पवित्र महांती ने ही नाटक की मंच-परिकल्पना की थी। सन 1981 से अपना नाटक जीवन शुरू करने वाले श्री महांती पहले 'उत्तरपुरुष नाट्य-संस्था' से जुड़े थे। अपनी कल्पना तथा प्रतिभा के सहारे वे शुरू से ही सेट डिजाइन के लिए इच्छुक थे। विशिष्ठ कलाकार तथा नाट्यकर्मी श्री असीम बसु ने उनकी इस प्रतिभा को निखारने के लिए आवश्यक दिग्दर्शन प्रदान की, जिससे श्री महांती की कल्पना को एक नई उड़ान मिली। 'पूर्वरंग' की जिज्ञासा को शांत करते हुए वे कहते हैं, "चूंकि हम अभिनेता हैं, इसलिए हम यह जानते हैं कि स्ट्रक्चर का क्या महत्व है? 'चित्र प्रतिमा' में चार स्थान प्रदर्शित हुए हैं। मैंने हमेशा कम लागत की थीम / कथ्यपरक मंच सज्जा (thematic stage design) को वरीयता दी हैं।" अपने नाटक की कहानी के आधार पर विभिन्न आकार प्रकार तथा रंग की वस्तुओं को सजाना उन्हें पसंद है।

मंचसज्जा (stage design) का मुख्य उद्देश्य होता है कहानी के अनुसार नाटक के चरित्रों के अभिनय के साथ-साथ नाट्यकार के कथन को दर्शकों तक पहुँचाने के लिए एक उपयुक्त स्थान प्रदान कराना, जिसे वास्तव में नाटक 'चित्र प्रतिमा' की मंचकला ने अक्षरस: प्रमाणित किया है।

इस नाटक के अभिनेता, अभिनेत्री तथा अन्य यांत्रिक उपकरणों के साथ-साथ नाट्यकार तथा निर्देशक को 'पूर्वरंग' की ओर से अशेष शुभेच्छा और शुभकामनाएं।"

अपने अनुभव से मैं यह जानता हूँ कि जिस साहित्य में लेखक की प्रत्यक्ष अनुभूति होती है, वही साहित्य पाठक की हृदय को अधिक स्पर्श करती है। 'चित्र प्रतिमा' नाटक की कहानी सम्पूर्ण काल्पनिक नहीं है। इसमें दो वास्तविक घटनाओं का प्रभाव है। पहली, एक तलाकशुदा लड़के के साथ शादी करने के लिए उसकी रिश्तेदारी में एक लड़की के द्वारा आग्रह प्रकट करना तथा दूसरी, अपने विवाह से असंतुष्ट लड़की का माँ बनने के लिए इनकार किया जाना। मैंने इन्हीं दो सच्ची घटनाओं को 'चित्र प्रतिमा' में मिला दिया है।

'चित्र प्रतिमा' नाटक मुख्यतः एक माँ और एक बेटी पर आधारित है। यह एक नारी-केन्द्रीत नाटक है। इसमें जो दो पुरुष चरित्र हैं, दरअसल वे पार्श्व चरित्र हैं। नारी चरित्र दोनों ही मुख्य हैं। वे दोनों ही एक समतल की तरह समान हैं अर्थात दोनों ही नारी हैं। उनकी अधिकतर समस्याएं समान हैं, पर एक और सतह है जिसमें वे एक दूसरे से भिन्न हैं। माँ अपर्णा अलग पृष्ठभूमि से आती हैं, बेटी सुलग्ना अलग पृष्ठभूमि का प्रतिनिधित्व करती है। बेटी सुलग्ना सोचती है कि उसकी माँ खुश है, क्योंकि उसे उसके पिता (चित्तरंजन) जैसे एक जिम्मेदार तथा रुचि-सम्पन्न पति का साथ

मिला है। हो सकता है वह भी अपनी माँ की तरह खुश रह पाती, यदि उसकी शादी राकेश के साथ हुई होती। उसकी नजर में राकेश उसके पिता की तरह एक अच्छे इंसान थे, लेकिन उसकी माँ को वह शादी मंजूर नहीं थी क्योंकि उसने अपनी पहली पत्नी को तलाक दिया था। नतीजा यह हुआ कि उसकी शादी चित्रसेन के साथ हो गई। जब कि चित्रसेन एक मनुष्य नहीं मशीन था, जो काम करता था, खाना खाता था और सोता था। उसमें न कोई रुचि थी और न ही आग्रह। दूसरे तरफ, राकेश में ये सभी गुण मौजूद थे। सुलग्ना अपने पिता को एक आदर्श पति, आदर्श पिता और एक आदर्श मित्र के रूप में देखती थी। उसकी दृष्टि में उसके पिता चित्तरंजन एक पूर्ण मनुष्य थे जबकि उसके पति चित्रसेन एक खंडित तथा अपूर्ण मनुष्य थे। वह चित्रसेन के हर बुरे गुणों को ढूंढ निकालती थी, पर पिता के किसी भी बुरे गुण को वह नहीं जानती थी। इसकी वजह यह थी कि माँ ने कभी पिता के बुरे गुणों के बारे में बेटी को नहीं बताया। चित्तरंजन पहले से ही शादीशुदा था तथा उसकी पहली पत्नी के गुजर जाने के बाद अपर्णा से 'दूसरी' शादी की थी। वे अपर्णा में कोई भी त्रुटि देखते तो उसकी तुलना अपनी पहली पत्नी के साथ करते हुए फब्तियाँ कसते थे। लेकिन अपर्णा उन्हें अपने अंतस में छिपा लेती थी। वह नहीं चाहती थी कि बेटी की नजरों में पिता की छवि मलिन दिखे। लेकिन सुलग्ना हमेशा चित्रसेन को राकेश के साथ या अपने पिता के साथ तुलना किया करती थी।

नाटक के पहले दृश्य में, सुलग्ना अपने घर आते समय अपने साथ एक पेंटिंग लाई है, जिसमें आसमान का रंग नीला नहीं लाल दिखाया गया था। उस बात पर सुलग्ना और अपर्णा में बहस ऐसी छिड़ी कि बात व्यक्तिगत स्तर पर चली गई। उन बातों को नाटक के संवाद में कुछ यूं कहा गया है...

सुलग्ना	: आसमान का रंग लाल नहीं हो सकता है, ऐसा कोई नियम है क्या? यह कोई फोटोग्राफ नहीं है बल्कि पेंटिंग है। फोटोग्राफ है रियलिटी, जो जैसा है उसे ज्यों-का-त्यों रखना ही फ़ोटो है। पर पेंटिंग.. पेंटिंग एक कलाकार की कल्पना होती है, उसके मन की आँखों से जो दिखता है, वही आर्ट है।
अपर्णा	: *(पेंटिंग को निहारते हुए)* वो सब ठीक है, पर आसमान का रंग नीला होना चाहिए था।
सुलग्ना	: हो सकता है तेरे आसमान का रंग नीला हो। सभी का नहीं होता। मेरा तो कतई नहीं। (अपर्णा शायद और भी कुछ कहना चाहती थी, चित्तरंजन ने उसे रोका।)
चित्तरंजन	: अरे भई, नीला हो या लाल, पेंटिंग तो पेंटिंग ही है। तुमने सुना नहीं, मेरी लाड़ली ने क्या कहा। हर कलाकार का अपना नजरिया होता है। आसमान का रंग निरंतर बदलता रहता है। कहते हैं कि जब आदमी शांत रहता है तब उसके मस्तिष्क का रंग गहरा नीला होता है। जैसे नीला आसमान, नीला सागर। विष्णु भगवान का रंग उसी गहरे नीले रंग का प्रतीक है। वह रंग फिर हरा हो जाता है जब

आदमी व्यस्त रहता है। और.. जब वह परेशान रहता है तब वह रंग हल्का लाल या नारंगी हो जाता है।

अपर्णा : मैं तो वही कह रही हूँ। आसमान का रंग लाल दिखना स्वाभाविक नहीं है।

सुलग्ना : तुझे स्वाभाविक नहीं लग सकता है। वैसे सभी के आसमान के रंग अलग होते हैं। अपने अपने आसमान के साथ इंसान को रहना पड़ता है।

चित्तरंजन : *(पेंटिंग को देख कर)* पर यह तस्वीर तो बिल्कुल ही अलग है, क्वाइट डिफरेंट ! (पेंटिंग को नीचे रखते हुए) इसे फिलहाल यहीं रहने देते हैं। जहाँ टाँगना है इसे, पहले तुम यह तय कर लो। वहाँ एक कांटा ठोक देंगे।

अपर्णा : कल मिसिज मिश्र आई थी, उनके नाती के जनेऊ संस्कार का कार्ड देने आई थी।

सुलग्ना : नाती ? हां, सोनू..? उसकी जनेऊ हो रही है ! वह क्या इतना बड़ा हो गया है !

अपर्णा : वह पूछ रहे थे...!

सुलग्ना : क्या पूछ रहे थे ?

अपर्णा : यही कि सुलग्ना का परिवार दो से तीन कब हो रहा है ?

सुलग्ना : *(झुँझलाते हुए)* पहले देखो यह शादी टिकती भी है या नहीं, बाद में खूब देखते रहना नानी बनने का ख्वाब। *(फिर शांत हो कर)* थोड़ी डालमा दो। *(डालमा दिए बगैर अचरज भरी निगाह से उसकी ओर अपर्णा ने देखा। सुलग्ना ने बाएं हाथ से खुद डालमा अपने थाली में ले कर कहना जारी रखा)* इसमें उन्हें क्यों सिरदर्दी हो रही है? यह हमारा निजी मामला है। अजीब हैं ये लोग ! दूसरों के मामले में बेवजह दखल देना इन लोगों की फितरत में शुमार है। ऐसा न करें तो इनका जैसे हाजमा ही खराब हो जाता है।

चित्तरंजन : आज का खाना बड़ा टेस्टी था.. आइ मीन, आसमान के रंग जैसा डिफरेंट। *(अपर्णा से)* तुम भी खाना खा लो। मैं जरा विकास बाबू का मेल चेक कर आता हूँ। *(चित्तरंजन अपने कमरे में जाते हैं)*

अपर्णा : सभी पूछते हैं। तुम्हारी शादी को पाँच साल हो गए। माना कि पहले चित्रसेन हैदराबाद में रहते थे। अब पिछले तीन साल से तो तुम दोनों यहाँ भुवनेश्वर में ही रहते हो।

सुलग्ना : *(तल्खी से)* तुम कहना क्या चाहती हो?

अपर्णा : यही कि तुम लोगों की प्लानिंग क्या है...? नहीं तो... डॉक्टर से सलाह लेने में क्या हर्ज है?

सुलग्ना : मम्मा, मैं चुप रहती हूँ, इसका मतलब यह नहीं कि हमारे बीच सब कुछ सही सलामत है। बहुत सी बातों को मैंने बताया ही नहीं, सीने में दबा कर रखा है। पर मैं जानती हूँ और समझती भी हूँ। और हाँ, अगर कह दूँ तो तुम्हें बुरा लगेगा। क्योंकि इन सब की जिम्मेवार अगर कोई है, तो वह सिर्फ तुम हो। तुम्हारी एक गलत निर्णय के कारण आज मैं भुगत रही हूँ। तुम क्यों जानो उन तकलीफों को। मेरे पिता जैसे एक अच्छे पति जो हैं तुम्हारे, तुम्हें कोई समस्या नहीं हुई। तुम्हारी जिंदगी अच्छी गुजर गई। तुम्हारी एक-एक परेशानी को देखने-समझने के लिए वे हमेशा तत्पर रहे। अगर वैसा

नहीं हुआ होता न, तुम्हें भी आज मेरी तरह भुगतना पड़ता।

अपर्णा : मुझे ही क्यों हमेशा कसूरवार ठहराती हो? मेरे किस गलत निर्णय से तू तकलीफ पा रही है? बीसियों बार मैंने उसका जवाब दिया है।

सुलग्ना : अगर जवाब दे ही चुकी हो तो अब बस करो। आस-पड़ोस के लोग क्या कहते हैं, उसे सुन ले और भूल जा। मुझे क्यों पूछती है उन सब बातों को? यही मेरी किस्मत है। नहीं तो आज मैं कितनी खुश रहती। दरअसल राकेश थे वैसे इंसान, जो मेरी इमोशन्स को समझते थे, उसकी कदर करते थे।

अपर्णा : लेकिन राकेश एक डिवोर्सी था, जिसने अपनी पहली पत्नी को डिवोर्स किया था। तुझे जो वह खुश रख पाता, कोई कह सकता था क्या ? पहली वाली वो लड़की आइपीएस थी। मानती हूँ राकेश पैसे वाला था, पर आइपीएस होना कोई छोटी बात नहीं है। तू ही तो कहती थी, पुलिस की नौकरी के बावजूद भी संगीत और नृत्य में वह पारंगत थी। बेहद खूबसूरत भी तो थी।

सुलग्ना : हाँ-हाँ, पर उस लड़की के बारे में तू सब कुछ नहीं जानती। उसके दिमाग में जाने क्या फितूर था। पागल-सी थी। शायद स्क्रू ढीला था। जब कि राकेश एक अच्छा इंसान था। सज्जन पुरुष। वास्तव में वह मुझे बहुत चाहता था। मैं भी उसे बेहद प्यार करती थी। मैंने यह पहले बताया भी था तुझे।

अपर्णा : हाँ, तूने कहा था। पर एक डिवोर्सी के साथ तेरी शादी होती तो अड़ोसी-पड़ोसी क्या कहते?

सुलग्ना : वही तो मैं कह रही हूँ। सगे-संबंधी क्या कहेंगे, इसकी तुझे बड़ी फिक्र थी। लेकिन अपनी लड़की की फिक्र तुझे नहीं थी। तेरी उस एक गलती की वजह से आज मैं सुबह से शाम, शाम से सुबह जिस हालत से गुजर रही हूँ, मैं जानती हूँ। पर राकेश एक..

अपर्णा : कितनी बार कहूँ कि राकेश एक डिवोर्सी था। जिसने एक को छोड़ा था, दूसरे को वह खुश रख पाता, इसकी कोई गारंटी थी?

सुलग्ना : बारबार बस एक ही बात तू कहे जा रही है, डिवोर्सी.. डिवोर्सी ! बगैर जाने-समझे तुझे राकेश में ही दोष दिखी... और उस लड़की में कोई खोट नजर नहीं आई? लेकिन तू यह भूल रही है कि मेरे पिताजी भी एक डिवोर्सी थे। उनसे शादी करके तू फिर कैसे खुश रह पाई ? बोल, तू खुश नहीं है क्या? मैं तो साफ-साफ कहती हूँ, मेरे पिता जैसे पति किस्मत से मिलते हैं। तेरी किस्मत अच्छी है जो उनका साथ मिला। पढ़ाई-लिखाई, म्यूजिक, गार्ड्निंग, ट्रैवल, फोटोग्राफी... हर विधा में वे पारंगत हैं। मेरे पिताजी एक कम्प्लीट इंसान हैं।

अपर्णा : क्या तू सचमुच यह जानना चाहती है कि पहली पत्नी को त्यागपत्र देने वाले तेरे डिवोर्सी पिता से मैंने क्यों शादी की? सच मानो तो मैंने शादी नहीं की, मेरी शादी कराई गई थी। जब मैं छोटी थी, मेरे माता-पिता दोनों ही चल बसे। बड़े भैया मुझे प्यार तो करते थे पर भाभी मुझे एक बोझ समझती थी। तभी तो मेरी शादी वहाँ वह कर देना चाहती थी जहाँ कोई दहेज देना न पड़े। और मैं...

सुलग्ना : तू..?

अपर्णा : सुबह-शाम भाभी की उपहास, गाली, निंदा सुन सुन कर मैं एक मानसिक रोगी बन चुकी थी। मन में तब ऐसा भी ख्याल आया था कि कहीं भाग जाऊँ या गले में फांसी लगा कर मर जाऊँ। उन्हीं दिनों तेरे पिता के साथ मेरी शादी का प्रस्ताव आया, बगैर किसी विरोध के मैं राजी हो गई। मेरे लिए वह शादी सिर्फ एक बहाना था, अपनी सुरक्षा के लिए पलायन मात्र था। लेकिन तेरी हालत तो मेरी जैसी नहीं है। तेरे माँ-बाप अभी जिंदा हैं। अपने माँ-बाप की तू इकलौती बेटी है। पढ़ी-लिखी है। अच्छी नौकरी है। वैसे भी, तेरे पिता तो राकेश के साथ तेरी शादी के लिए तैयार थे, क्योंकि बचपन से ही उन्हें तेरी किसी भी माँग पर आपत्ति नहीं थी। उन्होंने तेरी हर ख्वाहिश पूरी की। बचपन में तूने जब भी जिस खिलौने और जिस पोशाक की माँग की उन्होंने तुझे सब कुछ ला कर दिया। उनका तर्क यह था कि बेटी अपने पीहर में आधी जिंदगी रहती है, शेष आधी जिंदगी वह कैसे बिताएगी, हम नहीं जानते। इसलिए जब तक वह हमारे साथ है, उसे हम दुगुना सुख देंगे। पर उनकी नजर में जो सुख था, वह मेरी दृष्टि में

वह सुख नहीं भी हो सकता है। वे पिता हैं और मैं माँ ! मेरे जीते जी तुझे ऐसे किसी लड़के के साथ मैं कैसे जाने दे देती, जिसने अपनी पहली पत्नी को त्यागपत्र दिया है? समाज और सगे-संबंधियों की बातें छोड़ो, मेरा जमीर मुझे क्या इसकी इजाजत देता? हर दिन...

सुलग्ना : कहो न, क्या हर दिन..?

अपर्णा : छोड़ो उन बातों को। मुझे सिर्फ इतना बताओ – चित्रसेन क्या तुम्हारी बात नहीं सुनते हैं, तुम्हारा ख्याल नहीं रखते? वो क्या अच्छे इंसान नहीं हैं?

सुलग्ना : हाँ, इंसान..! *(अपनी उंगली से शून्य में हाथ और पैर की आकृतियाँ उकेरते हुए एक आदमी का अक्स बनाती है)* एक अच्छा इंसान, जिसके दो पाँव हैं, दो हाथ, दो आँखें, दो कान, एक मुँह.. हाँ, हाड़-माँस का चलता-फिरता एक इंसान ! जो पैसा भी अच्छा कमाता है। यूं कहें कि चलता-फिरता एक एटीएम !

अपर्णा : ऐसा क्यों कह रही है तू?

सुलग्ना : क्या गलत कहा मैंने, माँ ? तूने ही यह बात उठाई, मैंने तो उसका सिर्फ जवाब ही दिया है बस। सुन लो, मैं कहे देती हूँ, आइंदा 'दो से तीन होने वाला' यह प्रसंग तुम मेरे सामने नहीं उठाओगी। बहुत बर्दाश्त कर लिया मैंने, अब और नहीं। चित्रसेन ने एक बार भी अगर कुछ कहा तो मैं अपने कपड़े-लत्ते लेकर सीधे यहाँ आ जाऊँगी। तुमलोगों को अगर कोई ऐतराज हो तो फिर किराये के अपार्टमेंट में चाहे मैं रह लूँगी, पर चित्रसेन के साथ कतई नहीं।

अपर्णा : सुलग्ना !

नाटक के पहले दृश्य से सुलग्ना और अपर्णा के बीच संवादों के जरिए जो द्वन्द्व की स्थिति बनी हुई थी, वह आगे और भी गहरा गई। जब अपर्णा को पता चलता है कि बेटी सुनंदा ही नहीं, दामाद चित्रसेन भी उतने ही असन्तुष्ट हैं, वह आतंकित हो जाती है। नानी बनने का सपना देखने वाली उस जैसी महिला का बेटी की गृहस्थी बिखर जाने की आशंका से व्याकुल होना स्वाभाविक है। लिहाजा सुलग्ना को समझाने की उसने जितनी

भी कोशिश की समझा नहीं सकी। दरअसल मैंने यहाँ माँ की लाचार अवस्था को बताने की कोशिश की है।

'चित्र प्रतिमा' का कथा सार कुछ इस प्रकार है, एक इंसान हमेशा अपने संबंध में समाज को एक अच्छी छवि दिखाने की कोशिश करता है। दशहरे की दुर्गा-प्रतिमा को सामने से देखो तो वहाँ दिखेगी एक सुनहली जरी वाली साड़ी और रंगों से पुता चमचमाता हुआ एक चेहरा तथा पीछे से गारे-मिट्टी और पुआल से बना सुतली बँधा एक ढांचा। 'चित्र प्रतिमा' जैसी दिखने वाला इंसान भी कुछ वैसा ही है। बाहर से वह खूबसूरत है जबकि अंदर से है वह ध्वस्त और निरा खोखला। इस बात को सुलग्ना और अपर्णा के आपसी संवाद के जरिए स्थापित की गई है। माँ और बेटी दोनों में तर्कसंगत बातें होती है, दोनों ही अपने-अपने तरीकों से अटल हैं। इसलिए एक-दूसरे की राय को वे महत्व नहीं देते हैं।

आदमी की समस्या उसका अत्यधिक आत्मविश्वास है, जो उसे नया कुछ सीखने का अवसर नहीं देता। इस नाटक का पात्र, सुलग्ना,

आम आदमी का प्रतिनिधित्व करता है। उसकी समस्या दोहरी है। पहली तो यह कि वह जो कुछ जानता है उसे ही परम सत्य मानने में अत्यधिक विश्वास रखता है और दूसरी उसकी अज्ञानता। सुलग्ना अपने पिता चितरंजन के बारे में बहुत सी बातें नहीं जानती है। वह यह नहीं जानती है कि पिता की तुलना पति से नहीं हो सकती है। पति के साथ पति की और पिता के साथ पिता की तुलना की जा सकती है। वैसे तो किसी भी दो इंसानों के बीच तुलना हमेशा अर्थहीन होता है। एक अच्छा पिता का बुरा पति होना जैसे स्वाभाविक होता है वैसे ही एक बुरा पिता का एक अच्छा पति होना भी स्वाभाविक होता है। दोनों ही एक दूसरे से अलग हैं। नाटक का पाँचवाँ दृश्य बहुत ही महत्वहीन है। इसे 'क्लाइमेक्स' कहा जाना उचित होगा। वहां संयोग से सुलग्ना अपनी मां अपर्णा के बारे में ऐसी कुछ बातें जानती है जो उसकी पूर्वकल्पित धारणाओं को बदल देती है। वह महसूस करती है कि अभी तक वह एक अलग नजरिए से घटनाओं को एकतरफ़ा देख रही थी। उनकी माँ की सलाह ने उसे नया कुछ सोचने के

लिए सचेत किया। फिर उसकी वह गलत धारणा बदल गई और वह परिपक्व हो गई। अब वह सभी बातों को निष्पक्षता से विचार करती है।

पाँचवाँ दृश्य इस प्रकार शुरू होता है। रविवार की दोपहर। सुलग्ना अपने पिता के घर आ गयी है। दोपहर के बढ़िया भोजन के लिए माँ को बधाई देती है। पापा घर पर नहीं हैं। घर पर हैं सिर्फ मां अपर्णा और बेटी सुलग्ना। अपर्णा अपने पिता की एक बंद दराज खोलते हुए झटके से एक फोटोफ्रेम तोड़ देती है। इस आशंका से वह थोड़ी भयभीत हो गई है कि कहीं उसकी माँ उसे कुछ कह न दे। पर तभी उसकी माँ उसे अपनी आपबीती सुनाने लगती है...

अपर्णा : राजेश की पहली पत्नी इस राज्य की एक मेधावी छात्रा थी। एक आइपीएस अफसर होने के साथ-साथ वह नृत्य, संगीत, चित्रकारी वगैरह में भी रुचि रखती थी। अपनी शादी को टूटने से बचाने के लिए उसने भरसक कोशिश की थी। जानती है न सुलग्ना, हमारे समाज में शादी टूटने पर हमेशा लड़की को ही दोष दिया जाता है। गृहस्थी अगर

टूट गई तो लड़की की निंदा अधिक होती है। पहली पत्नी को त्यागपत्र देने वाले लड़के की शादी जितनी जल्दी हो जाती है, पति को त्यागपत्र देनेवाली लड़की की शादी उतनी जल्दी नहीं हो पाती है। अधिकतर लड़कियों की दूसरी शादी ही नहीं हो पाती। उस लड़की ने भी अपनी गृहस्थी को बचाने की बहुत कोशिश की थी, लेकिन सफल नहीं हुई। तू बुद्धिमान है, पढ़ाई में भी अच्छी है। पर तू नृत्य-संगीत नहीं जानती। ऐसे में सोचो, तूने अगर राकेश से शादी की होती और अपनी पूर्व पत्नी के नृत्य-संगीत की प्रतिभा को तुमसे तुलना करते हुए दो कड़वे शब्द उसने अगर कह दिया होता तो तुम्हें कैसा लगता? पहली पत्नी के कुछ अच्छे गुणों की सराहना करते हुए अगर वह तुझमें उन गुणों की कमियों का एहसास दिलाता तो तुझे कैसा महसूस होता ?

सुलग्ना : मम्मी !

अपर्णा : देख, राकेश का परिवार हमसे अधिक धनी था। उनकी बड़ी फैक्ट्री थी। उन बातों का हवाला देते हुए अगर वह कभी अपने पिता की तुलना तुम्हारे

पिताजी के साथ कर बैठता, तो क्या उस तुलना को तुम स्वीकार कर पाती? इन्हीं कारणों से वह रिश्ता मुझे मंजूर नहीं था। क्योंकि जानबूझ कर किसी के सामने मेरी बेटी छोटी हो जाए, मैं यह कतई सह नहीं पाती।

सुलग्ना : मम्मी !

अपर्णा : तू हमेशा यह कहती है कि तेरे पिता जैसे आदमी को पा कर मेरी जिंदगी सँवर गई। मानती हूँ कि इसमें मेरा कोई योगदान नहीं है, सब कुछ तेरे पिता की ही देन है। मानती हूँ, वे एक अच्छे इंसान हैं। पर किसी के संबंध में एक निश्चित धारणा बना लेना सही नहीं है। एक ही बिस्तर पर सोये हुए दो इंसान के दिलों के बीच मीलों का फासला होता है, जिसे तय करना आसान नहीं होता। कभी तुम इसे गहराई से सोचना, समझ जाओगी। मैंने तेरे पिता के बारे में सभी बातें बताई ही नहीं। अगर कही होती तो तेरी नजरों में तेरे पिता की छवि शायद आज बदली हुई होती। तुम्हें यह मालूम नहीं है कि तेरे पिता बारबार अपनी पहली पत्नी के साथ मेरी तुलना किया करते थे। उन्हें

सुन कर मैं अंदर ही अंदर रोती थी, तड़पती थी। पर तेरे चेहरे का खयाल आते ही मैं अपने आप को तुरत संभाल लेती, आँखों के आँसू पोंछ डालती। सोचती, एक पत्नी तो सब कुछ नहीं बन सकती है। पर इस बात की समझ हर पति को क्यों नहीं होती है? मुझे कम-से-कम इस बात की खुशी तो है कि चित्रसेन किसी और के साथ तेरी तुलना नहीं करते। फिर भी तू हमेशा वही गलती करती।

सुलग्ना : मम्मी !

अपर्णा : हर इंसान का एक अंधकारमय पहलू होता है, वैसे ही जैसे होता है उसका एक आलोकमय पहलू। वस्तुतः इंसान अपने आलोकमय पहलू को सबके सामने रखता है, जबकि अपने अंधकारमय पहलू को वह किसी को दिखाता नहीं। शायद हम भी यही करते हैं। दरअसल हम सभी यह चाहते हैं कि दूसरों की नजर में हम बड़ा दिखें, छोटा नहीं। अच्छा कहो तो, तुम्हारे पिता की तरह यदि मैं किसी और के साथ उनकी तुलना की होती, तो क्या हमारा परिवार आज टिका होता?

सुलग्ना : *(अपर्णा को पानी का गिलास बढ़ाते हुए)* मम्मी! पानी पी लो!

अपर्णा : *(पानी का गिलास मेज पर रखते हुए)* तू सुन तो सही। पानी की जरूरत नहीं है। आज मौका है, तुझे मैं अपने मन की बातें उंडेल दूँ। देख, तेरे पिता की नकारात्मक पहलू को जैसे तुमसे मैंने छिपाया है, मुझसे वादा कर, तू भी चित्रसेन के बारे में किसी से नहीं कहेगी। कल तुम्हारे भी बच्चे होंगे, बड़े होने पर वे अपने पिता को देखेंगे। उनकी आँखों में उनके पिता औरों से कैसे बड़े दिखेंगे, वह जिम्मेवारी तेरी है। तुझे यह दायित्व निभाना है।

(पानी पीती है) देख, पिता और पति दो अलग-अलग हस्तियाँ हैं। ट्रेन के साथ हवाई जहाज की तुलना अगर तू कर बैठेगी तो गलत होगा। एक और बात मुझे कहनी है, मानेगी तू?

सुलग्ना : हाँ, कहो मम्मी। क्या मैंने कभी तुम्हारी बातों की अवहेलना की है!

अपर्णा : जैसे मैंने अपने सीने में सब कुछ दबा कर रखा है, तुझे मेरी कसम, तू भी वैसे ही सब कुछ अपने

अंदर रखना। उसमें ही आनंद है, शांति है। कोई भी आदमी दूध का धुला नहीं होता, 'परफेक्ट' नहीं होता। तू नहीं, मैं भी नहीं, न ही तेरे पिता और न चित्रसेन ही। इसके बावजूद संसार से जुड़े रहने का विशेष गुण कमोबेश सभी में होते हैं, जो परिवार कू आगे बढ़ाने में मदद करता है। आज तुझे चित्रसेन बुरे लगते हैं। कल अगर तेरा बेटा या बेटी उन्हें सर्वश्रेष्ठ पिता मानता है तो तुम क्या करोगी? अपने बच्चों को क्या मिथ्यावादी कहोगी? या खुद को गलत मान लोगी? देख, अच्छा पिता, बुरा पति या बुरा पिता, अच्छा पति.. स्वाभाविक तौर पर एक आदमी के लिए ये दोनों ही मुमकिन हैं।

सुलग्ना : मम्मी !

अपर्णा : इंसान के अंदर दूसरों की गोपनीय बातें जानने की अव्यक्त उत्सुकता उसे वर्तमान से परे ले जाती है। बीते हुए कल की बात जानने का आग्रह उसे शक्की बना देता है तो वहीं भविष्य के बारे में जानने की इच्छा उसे भीरु। दोनों ही स्थिति में इंसान की भलाई हो या न हो पर उसके अंदर की

स्वाभाविकता कफूर हो कर उसे बर्बादी की कगार पर छोड़ देती है।

सुलग्ना : *(बेचैन होकर)* मम्मी !

अपर्णा : जिसके पास जो नहीं है अर्थात किसी की कमी को उसे बारबार याद दिलाने के बजाय उसके पास जो कुछ मौजूद है उसके लिए उसकी सराहना करना सीखो। हो सकता है उसके पास जो कुछ है वह दूसरे किसी के पास न हो। अपने परिचितों में सिर्फ बुराइयां ढूँढना तथा किसी अपरिचित में सब कुछ अच्छाई की कल्पना करना, आदमी की एक बड़ी कमजोरी है।

सुलग्ना : मम्मी ! क्या पापा तुझे..? *(अपर्णा गमले के पौधों के पत्तों की छटाई कर रही है। पीछे से सुलग्ना आ कर एक स्टूल पर बैठ गई)*

अपर्णा : *(अपर्णा पल भर के लिए चुपचाप सुलग्ना को देखती रही, फिर कहा)* आज तुम मुझे कुछ मत पूछो। इंतजार करो। एक दिन जब तुम्हारी औलाद होगी और तुमसे वो यही सवाल पूछेगा, तब तुम्हारा जवाब जो होगा, मेरी आज की

नीरवता का अर्थ तुम्हारे उसी जवाब में मिल जाएगा। इतना समझ लो कि हरेक व्यक्ति स्वयं में एक-एक चित्र-प्रतिमा है। जैसे दशहरे की दुर्गा प्रतिमा ! सामने से दिखती है सुनहली जरी वाली एक साड़ी और रंग से पुता एक चमचमाता चेहरा जबकि उसके पीछे गारे-मिट्टी और पुआल से बना सुतली बँधा महज लकड़ी का एक ढांचा। इंसान भी उस चित्र-प्रतिमा की तरह होता है। ऊपर से वह सुंदर दिखता है जबकि अंदर से है ध्वस्त और निरा खोखला।

सुलग्ना : तीस साल बाद आज तुमसे मैं यह सुन रही हूँ। पहले तो तुमने कभी यह बताया नहीं ! *(माँ के हाथ से कैंची लेकर क्रोटन के पौधे की पत्तियों को काटने लगती है)*

अपर्णा : तब उसकी कोई आवश्यकता नहीं थी। आज यह बताना मैंने जरूरी समझा। इस संसार में कोई भी माँ यह नहीं चाहेगी कि उसकी बेटी का जीवन दुःखमय हो। ठीक उसी प्रकार कोई नारी इस बात को कभी बर्दाश्त नहीं कर पाएगी, जब कोई उसे यह कहे कि उसकी गृहस्थी में उसकी अपनी कोई

भूमिका नहीं है। *(गमले से एक फूल तोड़ कर सुलग्ना अपनी माँ अपर्णा के जूड़े पर लगा देती है)*

सुलग्ना : मम्मी, मुझे ऐसा लगता है कि तू एक अजनबी नदी है, जिसकी ऊपरी सतह की शांत और शीतल धारा को ही मैंने पहचाना है। परंतु उस बहती धारा के नीचे पड़े असंख्य कंकड़ों की दुःख भरी कहानी से मैं बिल्कुल अनजान हूँ।

अपर्णा : जीवन मात्र एक परीकथा नहीं है री बिटिया। यहाँ किसी दुखियारी लड़की को अचानक सुख मिल जाए, ऐसा होता नहीं है। आदमी को सुख हासिल करना पड़ता है। अपने दुःखों को सुख के रूप में मान लेने से दुःख हल्का हो जाता है। कभी अपने पिताजी से पूछ कर देखना कि क्या तुम्हारी माँ ने किसी दूसरे के साथ उनकी तुलना की थी कभी ? तुम्हारे प्रश्नों का जवाब उनसे मिल जाएगा।

सुलग्ना : बस मम्मी ! मुझे और कुछ नहीं पूछना है। *(अपनी माँ की आँखों के आँसू पोंछ देती है)*

अपर्णा : मत पोंछ, इन बेज़ुबान आंसुओं को बहने दे। तेरी माँ की आँखों से आंसुओं को बाहर आने का अवसर

ही कब मिलता है ! *(एक फूल तोड़ कर अपर्णा सुलग्ना के बालों में लगा देती है)*

नाटक के इस दृश्य ने सभी दर्शकों को बाँध कर रखा था, प्रशंसकों ने मुझे यह बताया। क्योंकि इस दृश्य के संवाद से ही नाटक का दृष्टिकोण दर्शकों के सामने स्थापित हो पाया। अंतिम दृश्य में पुनर्मिलन है। सुलग्ना के दिल से उसके पति चित्रसेन के लिए अलगाव ख़त्म होने के बाद वे सामान्य स्थिति में लौट आते हैं। जिसकी फलश्रुति स्वरूप एक खबर आई – जल्द ही उनके दो जनों का परिवार तीन होने जा रहा है।

नाटक के इस दृश्य में हल्दीवसंत को सांकेतिक रूप में लिया गया है। हल्दीवसंत पक्षी दिख जाना शुभ माना जाता है।

नाटक 'चित्र प्रतिमा' की सफलता के पीछे निर्देशक पवित्र महांती और मुख्य नायिका श्रीमती ममता त्रिपाठी, जिसने अपर्णा की भूमिका निभाई थी – इन दोनों का योगदान सबसे अधिक था। वैसे ही नाटक की पहली शाम सुलग्ना की भूमिका में अभिनय करने वाली शुभांगी हरिचंदन के साथ चित्रसेन की भूमिका निभाने वाले राजेश महान्ती की भूमिका को भी कम नहीं आँका जा सकता है। सुलग्ना चंचल स्वभाव की है, लेकिन चित्रसेन गंभीर हैं। दोनों के ही अभिनय में उनकी चारित्रिक विशेषता परिलक्षित होती है। इसी कारण दर्शकों को उनका अभिनय पसंद आया।

'चित्र प्रतिमा' नाटक ने मुझे बहुत आत्मविश्वास दिया है। सन 2023 में मेरी ओड़िआ कहानी 'बापा' पर आधारित ओड़िआ फिल्म 'प्रतीक्षा' को सर्वश्रेष्ठ फिल्म के लिए राष्ट्रीय पुरस्कार दिए जाने की बात मुझे फिर एक बार याद आ गई। निर्देशन और अभिनय दोनों ही अगर अच्छा हो तो कहानी उभर कर सामने आती है। फिल्म 'प्रतीक्षा' के निर्देशक थे अनुपम पटनायक। वे एक प्रतिभाशाली युवा निर्देशक हैं। दूसरी ओर, 'चित्र प्रतिमा' के निर्देशक श्री पवित्र महांती एक कुशल एवं अनुभवी निर्देशक हैं। उन्होंने जिस तरह से मंच की परिकल्पना की थी वह सचमुच अनोखा था। चार जोन में बाँटे गए स्थानों में से एक था भोजन कक्ष, दूसरी थी चित्तरंजन की लाइब्रेरी, तीसरा था सुलग्ना-चित्रसेन का शयनकक्ष और मंच के सामने का हिस्सा चितरंजन-अपर्णा के घर के सामने का फूलों का बगीचा था। फूलों के उस बगीचे के पास माँ-बेटी बैठी बातें करती हुई एक दूसरे के जूड़ों में फूल खोंसने वाले दृश्य की परिकल्पना पवित्र महांती की थी, जिसने दर्शकों को आवेगाप्लुत किया था।

'चित्र प्रतिमा' मानव मन की तस्वीर है। इस नाटक ने इंसान के अंदर की तस्वीर को दिखाने की कोशिश की है। नाटक देखते समय दर्शक अपने अंदर झाँकने के लिए अवश्य ही प्रेरित हुए होंगे। आपसी समझ-बूझ की कमी घर-गृहस्थी को नष्ट कर देती है, आपसी सूझ-बूझ का आग्रह टूटे घर को सँवर देते हैं। कोई भी

व्यक्ति दोषमुक्त नहीं होता है, ऐसा होना संभव भी नहीं है। अपूर्णता में पूर्णता ही जीवन है। दूसरे इंसान को समझने के लिए सहानुभूति के साथ-साथ थोड़ी सी समानुभूति की भी आवश्यकता होती है। इतना ही हो गया तो सब कुछ आसान हो जाएगा।

  मेरा दृढ़ विश्वास है कि 'चित्र प्रतिमा' का मंचन अलग-अलग स्थानों पर होगा। पात्रों की सीमित संख्या तथा मंचसज्जा की सरलता के कारण निर्देशकों को इस नाटक के मंचन के लिए प्रोत्साहित करेगा। इस दौरान नाटक का विभिन्न भाषाओं में अनुवाद करने का प्रयास किया जा रहा है, यह मेरे लिए आनंद का विषय है। नाटक लिखने के बाद मेरा काम पूरा हो गया। अब इसे बचा कर रखने की जिम्मेदारी निर्देशक तथा मुग्ध पाठक समाज की है। आज बस इतना ही।

गौरहरि दास
भुवनेश्वर

रथयात्रा 2024

चित्र प्रतिमा

(नाटक)

पात्र परिचय

चित्तरंजन दास	:	उम्र 65, सेवा निवृत्त प्रोफेसर
अपर्णा दास	:	उम्र 62, गृहिणी
सुलग्ना	:	उम्र 30, कंप्युटर प्रोफेशनल
चित्रसेन	:	उम्र 33, कंप्युटर प्रोफेशनल

पहला दृश्य

[समय साँय काल। सेवा निवृत्त प्रोफेसर चित्तरंजन का दो मंजिला मकान। डाइनिंग हॉल के एक तरफ है डाइनिंग टेबुल, जिसके ऊपर कुछ सामान पड़े हैं। जब भी कोई घर का सदस्य बाहर से आता और जो भी सामान वह अपने साथ लाता उसे इसी डाइनिंग टेबुल पर रख देता। डाइनिंग टेबुल के ऊपर पड़े थे स्पून-स्टैन्ड, चम्मच, कांटा चम्मच, चाकू (सभी चार-चार) , पानी का जग, नमकीन का डिब्बा, दवाइयों का डिब्बा, स्टील के तीन ट्रे, पानी की बोतल। घर की चाबी हो या पुरानी पत्रिकाएं– यूं ही पड़ी पड़ी कुछ रह गई है वहाँ।

मंच आलोकित होता है... पिता चित्तरंजन तथा उनकी पत्नी अपर्णा बेटी सुलग्ना का इंतजार कर रहे हैं। पिता-माता दोनों की उम्र साठ के आस-पास है। सुलग्ना उसी शहर में रहती है, पर थोड़ी दूरी पर। पिता-माता भुवनेश्वर के नीलाद्रि विहार में तथा सुलग्ना और उसके पति रहते हैं खंडगिरि के उस तरफ कलिंग नगर में। बेटी के आने में विलंब होते देख माँ अपर्णा चिंतित हैं। लेकिन पिता चित्तरंजन चिंतित नहीं हैं। वे एक कुर्सी पर बैठ कर पत्रिका पलट रहे हैं, बीच-बीच में मोबाइल पर फ़ेसबुक चेक कर रहे हैं। अपर्णा रोटी और डालमा परोस कर डाइनिंग टेबुल पर रखती है। बाहर सड़क पर किसी गाड़ी के ठहरने की आवाज आई। अपर्णा ने पर्दा हटा कर फाटक की ओर देखा, लेकिन वह सुनंदा की कार नहीं थी।]

अपर्णा : नहीं, वो नहीं है। *(चित्रसेन से)* आज सुलग्ना इतनी देर क्यों कर रही है?

चित्तरंजन : *(घड़ी को देखते हुए)* देर कहाँ? नौ ही तो बजे हैं, आ रही होगी।

अपर्णा : नौ दस हो रहे हैं। अब तक तो वह पहुँच चुकी होती है।

चित्तरंजन : चंद्रशेखरपुर एरिया में ट्राफिक की जो हालत है, देर होना लाजिमी है। आ रही होगी। कभी-कभार तो उसके घर से हमारे यहाँ पहुँचने में एक घंटा लग जाता है। वैसे आज शनिवार भी तो है। इस वीक-एंड में देखता हूँ कुछ ज्यादा ही भीड़ है।
(बाहर एक और कार के रुकने की आवाज आई)

अपर्णा : अब आ गई शायद...।

चित्तरंजन : नहीं, यह भी उसकी कार की पार्किंग की आवाज नहीं है। आज तक तुम मेरी बेटी की ड्राइविंग स्टाइल समझ नहीं पाई।

(अपर्णा डाइनिंग टेबुल के ऊपर पानी का गिलास रख रही है। चित्तरंजन मोबाइल पर खबरें देखने में व्यस्त हैं।)

अपर्णा : *(रोषपूर्ण शब्दों में तंज कसते हुए)* तुम्हारी बेटी की स्टाइल तुम जानो ! वह कोई साधारण ज्ञान का विषय तो है नहीं, जो सभी को जानना चाहिए। *(चित्तरंजन की मोबाइल बज उठी।) (तनिक शांत हो कर)* किसका फोन है? सुलग्ना है क्या?

चित्तरंजन : नहीं, नहीं। *(फिर, फोन पर किसी से)* ओके, मैं मेल चेक करने के बाद आपको फोन करता हूँ। आपको विकास बाबू ने फोन पर बताया था कि उन्होंने शायद कोई इमेल भेजा है। बाद में मैं देखूँगा।

अपर्णा : *(आग्रहपूर्वक)* सुलग्ना को जरा फोन कीजिए न !

चित्तरंजन : तुम परेशान क्यों होती हो? वह ड्राइविंग कर रही होगी। तुमने तो खुद ही उसे कहा है कि गाड़ी चलाते हुए फोन नहीं उठाना। *(कुछ ठहर कर)* तुम फिक्र न करो। वह आ जाएगी।

(बाहर एक कार रुकती है। गाड़ी चालक सहसा ब्रेक लगा कर गाड़ी पार्किंग कर रहा है)

चित्तरंजन : ये लो...! मेरी बिटिया आ गई। यह था उसके कार पार्किंग का स्टाइल। वह तुम्हारी जैसी शांत-सरल चैताली तो है नहीं, वह है एक तूफान ! उसके पहुँचने की खबर वह दूर से ही बता देती है।

(सुलग्ना ढेरों डिनर सेट, सरविंग बाउल, टिसु पेपर का एक होल्डर एक बड़े थैले में लेकर घर के अंदर आती है। कंधे पर अपना एक बड़ा-सा वैनिटी बैग, दूसरे हाथ में पैक किया हुआ एक पेंटिंग)

अपर्णा : तुम्हें इतनी देर क्यों हुई ?

चित्तरंजन : (बीच में ही पूछ बैठते हैं) अरे अरे.. यह क्या? पूरा बाजार ही उठा लाई क्या? (सुलग्ना के हाथ से अपर्णा कुछ सामान कुर्सी पर और कुछ टेबुल पर रखती है)

सुलग्ना : अरे मत पूछो ट्रैफिक का हाल। आज रास्ते में कितनी तो भीड़ है।

अपर्णा : बस बस, तू अब बैठ जा। भूख लगी होगी। बाद में खरीदती तो क्या नहीं होता? बाप-बेटी दोनों ही तो भूख बर्दाश्त नहीं कर पाते हो। मैं जानती हूँ, अब तू चिढ़ जाएगी।

सुलग्ना	: *(टेबुल पर से एक पानी की खाली बोतल और बिस्कुट के पैकेट का रैपर उठा कर)* *(झुँझलाते हुए)* यहाँ किसने रखा है यह सब? टेबुल को बिखरा हुआ गंदा देखने से मुझे चिढ़ होती है। कितनी बार कहा है कि डाइनिंग टेबुल को साफ रखा करो।
अपर्णा	: *(रसोई से भोजन का सामान एक के बाद एक लाकर रख रही है)* चलो ठीक है, मैं सहेज देती हूँ। पहले तू जाकर हाथ-मुँह धो आ।
सुलग्ना	: पहले यह टेबुल मैं सहेज लूँ। ऐसे अव्यवस्थित टेबुल देख कर मेरा मूड-ऑफ हो जाता है। यहाँ बैठकर क्या कोई खाना खा पाएगा?
अपर्णा	: ला, दे अब मैं साफ किए देती हूँ।
सुलग्ना	: यू जस्ट वेट, अलाव मी टु सेट इट राइट। *(सुलग्ना डाइनिंग टेबुल सहेज रही है। टेबुल से सारे सामान हटा कर वह नीचे रखती है। अभी अभी जो सामान वह अपने थैले में साथ लाई थी, उसे निकाला। डिनर-सेट, सरविंग बाउल, टिसु पेपर, टिसु पेपर का एक होल्डर को टेबुल पर रखा। स्टील ट्रे की जगह डिनर सेट में रखे तीन प्लेट और बाउल को निकाल कर टेबुल पर*

रखती है। उसकी साज-सजावट से उसकी रुचि-संपन्नता का परिचय मिलता है। टेबुल को सहेज लेने के बाद अपने साथ लाए सेब, केले और अंगूर को टेबुल पर रख रही है।)

(सुलग्ना वॉश बेसिन में हाथ धो रही है। तौलिए से फिर हाथ पोंछ रही है। अपर्णा प्लेट में खाना परोसने जा रही है)

चित्तरंजन : *(सुलग्ना से)* देखो तो अपर्णा, पाँच मिनट में कैसे तुम्हारी बिखरी हुए टेबुल को सहेज दिया उसने। इसे कहते हैं रुचि। सामानों को उसने यूं ही ज्यों का त्यों नहीं रख दिया, उसकी सेंस ऑफ कलर भी देखो। कौन सा रंग किस जगह पर खिलेगा, मेरी बिटिया को इसकी अच्छी समझ है। *(सुलग्ना को परोसने से रोकते हुए)* बस-बस, एक मिनट। मैं जरा इस टेबुल का एक फ़ोटो तो ले लूँ। *(वे मोबाइल से फ़ोटो खींच रहे हैं)* इसे मैं अपने फेस बुक में शेयर कर दूँ। देखना कितने 'लाइक' मिलेंगे। हाँ, अब तुम परोस सकती हो।

सुलग्ना : (खुश हो कर) पापा, आपका सेंस ऑफ ऐपरिसीएसन भी काबिले तरीफ़ है। यह कला सभी में नहीं होती। *(टेबुल के पास जाते हुए)* आपके

कमरे के लिए एक बढ़िया चीज लाई हूँ मैं। *(साथ लाई पेंटिंग के रैपर को खोल कर मंच की ओर दिखा कर कहती है)* देखिए तो पापा, कैसी दिखती है यह ?

चित्तरंजन : *(पेंटिंग को देखते हुए)* बहुत सुंदर। पर यह है किसकी पेंटिंग?

अपर्णा : बगैर समझे आपने कैसे कह दिया 'बहुत सुंदर' ?

सुलग्ना : समझ नहीं पा रहे हैं आप? गौर से देखिए पापा।

चित्तरंजन : *(गौर से देखते हुए)* नहीं, मेरे पल्ले कुछ भी नहीं पड़ा।

सुलग्ना : आसमान..! स्काइ! यह आसमान की पेंटिंग है। मुझे अच्छी लगी। कल बुद्ध विहार में एक प्रदर्शनी लगी थी। वहीं से मैंने खरीदी है।

अपर्णा : लेकिन आसमान का रंग लाल कैसे हो सकता है? आसमान तो नीला होता है, नहीं तो बादलों से भरा काला।

सुलग्ना : आसमान का रंग लाल नहीं हो सकता है, ऐसा कोई नियम है क्या? यह कोई फोटोग्राफ नहीं है

बल्कि पेंटिंग है। फोटोग्राफ होता है रियलिटी, जो जैसा है उसे ज्यों-का-त्यों रखना ही फ़ोटो है। पर पेंटिंग.. पेंटिंग एक कलाकार की कल्पना होती है, उसके मन की आँखों से जो दिखता है, वही आर्ट है।

अपर्णा : *(पेंटिंग को निहारते हुए)* वो सब ठीक है, पर आसमान का रंग नीला होना चाहिए था।

सुलग्ना : हो सकता है तेरे आसमान का रंग नीला हो। सभी का नहीं होता। मेरा तो कतई नहीं। (अपर्णा शायद और भी कुछ कहना चाहती थी, चित्तरंजन ने उसे रोका।)

चित्तरंजन : अरे भई, नीला हो या लाल, पेंटिंग तो पेंटिंग ही है। तुमने सुना नहीं, मेरी लाड़ली ने क्या कहा। हर कलाकार का अपना नजरिया होता है। आसमान का रंग निरंतर बदलता रहता है। कहते हैं कि जब आदमी शांत रहता है तब उसके मस्तिष्क का रंग गहरा नीला होता है। जैसे नीला आसमान, नीला सागर। विष्णु भगवान का रंग उसी गहरे नीले रंग का प्रतीक है। वह रंग फिर हरा हो जाता है जब आदमी व्यस्त रहता है। और.. जब वह परेशान

रहता है तब वह रंग हल्का लाल या नारंगी हो जाता है।

अपर्णा : मैं तो वही कह रही हूँ। आसमान का रंग लाल दिखना स्वाभाविक नहीं है।

सुलग्ना : तुझे स्वाभाविक नहीं लग सकता है। वैसे सभी के आसमान के रंग अलग होते हैं। अपने अपने आसमान के साथ इंसान को रहना पड़ता है।

चित्तरंजन : *(पेंटिंग को देख कर)* पर यह तस्वीर तो बिल्कुल ही अलग है, क्वाइट डिफरेंट ! (पेंटिंग को नीचे रखते हुए) इसे फिलहाल यहीं रहने देते हैं। जहाँ टाँगना है इसे, पहले तुम यह तय कर लो। वहाँ एक कांटा ठोक देंगे।

अपर्णा : कल मिसिज मिश्र आई थी, उनके नाती के जनेऊ संस्कार का कार्ड देने आई थी।

सुलग्ना : नाती ? हां, सोनू..? उसकी जनेऊ हो रही है ! वह क्या इतना बड़ा हो गया है !

अपर्णा : वह पूछ रहे थे...!

सुलग्ना : क्या पूछ रहे थे ?

अपर्णा	: यही कि सुलग्ना का परिवार दो से तीन कब हो रहा है ?
सुलग्ना	: *(झुँझलाते हुए)* पहले देखो यह शादी टिकती भी है या नहीं, बाद में खूब देखते रहना नानी बनने का ख्वाब। *(फिर शांत हो कर)* थोड़ी डालमा दो। *(डालमा दिए बगैर अचरज भरी निगाह से उसकी ओर अपर्णा ने देखा। सुलग्ना ने बाएं हाथ से खुद डालमा अपने थाली में ले कर कहना जारी रखा)* इसमें उन्हें क्यों सिरदर्दी हो रही है? यह हमारा निजी मामला है। अजीब हैं ये लोग ! दूसरों के मामले में बेवजह दखल देना इन लोगों की फितरत में शुमार है। ऐसा न करें तो इनका जैसे हाजमा ही खराब हो जाता है।
चित्तरंजन	: आज का खाना बड़ा टेस्टी था.. आइ मीन, आसमान के रंग जैसा डिफरेंट। *(अपर्णा से)* तुम भी खाना खा लो। मैं जरा विकास बाबू का मेल चेक कर आता हूँ। *(चित्तरंजन अपने कमरे में जाते हैं)*
अपर्णा	: सभी पूछते हैं। तुम्हारी शादी को पाँच साल हो गए। माना कि पहले चित्रसेन हैदराबाद में रहते थे। अब

पिछले तीन साल से तो तुम दोनों यहाँ भुवनेश्वर में ही रहते हो।

सुलग्ना : *(तल्खी से)* तुम कहना क्या चाहती हो?

अपर्णा : यही कि तुम लोगों की प्लानिंग क्या है...? नहीं तो... डॉक्टर से सलाह लेने में क्या हर्ज है?

सुलग्ना : मम्मा, मैं चुप रहती हूँ, इसका मतलब यह नहीं कि हमारे बीच सब कुछ सही सलामत है। बहुत सी बातों को मैंने बताया ही नहीं, सीने में दबा कर रखा है। पर मैं जानती हूँ और समझती भी हूँ। और हाँ, अगर कह दूँ तो तुम्हें बुरा लगेगा। क्योंकि इन सब की जिम्मेवार अगर कोई है, तो वह सिर्फ तुम हो। तुम्हारी एक गलत निर्णय के कारण आज मैं भुगत रही हूँ। तुम क्यों जानो उन तकलीफों को। मेरे पिता जैसे एक अच्छे पति जो हैं तुम्हारे, तुम्हें कोई समस्या नहीं हुई। तुम्हारी जिंदगी अच्छी गुजर गई। तुम्हारी एक-एक परेशानी को देखने-समझने के लिए वे हमेशा तत्पर रहे। अगर वैसा नहीं हुआ होता न, तुम्हें भी आज मेरी तरह भुगतना पड़ता।

अपर्णा : मुझे ही क्यों हमेशा कसूरवार ठहराती हो? मेरे किस गलत निर्णय से तू तकलीफ पा रही है? बीसियों बार मैंने उसका जवाब दिया है।

सुलग्ना : अगर जवाब दे ही चुकी हो तो अब बस करो। आस-पड़ोस के लोग क्या कहते हैं, उसे सुन ले और भूल जा। मुझे क्यों पूछती है उन सब बातों को? यही मेरी किस्मत है। नहीं तो आज मैं कितनी खुश रहती। दरअसल राकेश थे वैसे इंसान, जो मेरी इमोशन्स को समझते थे, उसकी कदर करते थे।

अपर्णा : लेकिन राकेश एक डिवोर्सी था, जिसने अपनी पहली पत्नी को डिवोर्स किया था। वह तुझे खुश रख पाता, कोई यह कह सकता था क्या ? पहली वाली वो लड़की आइपीएस थी। मानती हूँ राकेश पैसे वाला था, पर आइपीएस होना कोई मामूली बात नहीं है। तू ही तो कहती थी, पुलिस की नौकरी के बावजूद भी संगीत और नृत्य में वह पारंगत थी। बेहद खूबसूरत भी तो थी।

सुलग्ना : हाँ-हाँ, पर उस लड़की के बारे में तू सब कुछ नहीं जानती। उसके दिमाग में जाने क्या फितूर था। पागल-सी थी। शायद स्क्रू ढीला था। जब कि

राकेश एक अच्छा इंसान था। सज्जन पुरुष। वास्तव में वह मुझे बहुत चाहता था। मैं भी उसे बेहद प्यार करती थी। मैंने यह पहले बताया भी था तुझे।

अपर्णा : हाँ, तूने कहा था। पर एक डिवोर्सी के साथ तेरी शादी होती तो अड़ोसी-पड़ोसी क्या कहते?

सुलग्ना : वही तो मैं कह रही हूँ। सगे-संबंधी क्या कहेंगे, इसकी तुझे बड़ी फिक्र थी। लेकिन अपनी लड़की की फिक्र तुझे नहीं थी। तेरी उस एक गलती की वजह से आज मैं सुबह से शाम, शाम से सुबह जिस हालत से गुजर रही हूँ, मैं जानती हूँ। पर राकेश एक..

अपर्णा : कितनी बार कहूँ कि राकेश एक डिवोर्सी था। जिसने एक को छोड़ा था, दूसरे को वह खुश रख पाता, इसकी कोई गारंटी थी?

सुलग्ना : बारबार बस एक ही बात तू कहे जा रही है, डिवोर्सी.. डिवोर्सी ! बगैर जाने-समझे तुझे राकेश में ही दोष दिखी... और उस लड़की में कोई खोट नजर नहीं आई? लेकिन तू यह भूल रही है कि मेरे

पिताजी भी एक डिवोर्सी थे। उनसे शादी करके तू फिर कैसे खुश रह पाई ? बोल, तू खुश नहीं है क्या? मैं तो साफ-साफ कहती हूँ, मेरे पिता जैसे पति किस्मत से मिलते हैं। तेरी किस्मत अच्छी है जो उनका साथ मिला। पढ़ाई-लिखाई, म्यूजिक, गार्ड्निंग, ट्रैवल, फोटोग्राफी... हर विधा में वे पारंगत हैं। मेरे पिताजी एक कम्प्लीट इंसान हैं।

अपर्णा : क्या तू सचमुच यह जानना चाहती है कि पहली पत्नी को त्यागपत्र देने वाले तेरे डिवोर्सी पिता से मैंने क्यों शादी की? सच मानो तो मैंने शादी नहीं की, मेरी शादी कराई गई थी। जब मैं छोटी थी, मेरे माता-पिता दोनों ही चल बसे। बड़े भैया मुझे प्यार तो करते थे पर भाभी मुझे एक बोझ समझती थी। तभी तो मेरी शादी वहाँ वह कर देना चाहती थी जहाँ कोई दहेज देना न पड़े। और मैं...

सुलग्ना : तू..?

अपर्णा : सुबह-शाम भाभी की उपहास, गाली, निंदा सुन सुन कर मैं एक मानसिक रोगी बन चुकी थी। मन में तब ऐसा भी ख्याल आया था कि कहीं भाग जाऊँ या गले में फांसी लगा कर मर जाऊँ। उन्हीं

दिनों तेरे पिता के साथ मेरी शादी का प्रस्ताव आया, बगैर किसी विरोध के मैं राजी हो गई। मेरे लिए वह शादी सिर्फ एक बहाना था, अपनी सुरक्षा के लिए पलायन मात्र था। लेकिन तेरी हालत तो मेरी जैसी नहीं है। तेरे माँ-बाप अभी जिंदा हैं। अपने माँ-बाप की तू इकलौती बेटी है। पढ़ी-लिखी है। अच्छी नौकरी है। वैसे भी, तेरे पिता तो राकेश के साथ तेरी शादी के लिए तैयार थे, क्योंकि बचपन से ही तेरी किसी भी माँग पर उन्हें आपत्ति नहीं थी। उन्होंने तेरी हर ख्वाहिश पूरी की। बचपन में तूने जब भी जिस खिलौने और जिस पोशाक की माँग की उन्होंने तुझे सब कुछ ला कर दिया। उनका तर्क यह था कि बेटी अपने पीहर में आधी जिंदगी रहती है, शेष आधी जिंदगी वह कैसे बिताएगी, हम नहीं जानते। इसलिए जब तक वह हमारे साथ है, उसे हम दुगुना सुख देंगे। पर उनकी नजर में जो सुख था, वह मेरी दृष्टि में वह सुख नहीं भी हो सकता है। वे पिता हैं और मैं माँ! मेरे जीते जी तुझे ऐसे किसी लड़के के साथ मैं कैसे जाने दे देती, जिसने अपनी पहली पत्नी को त्यागपत्र दिया था ? समाज और सगे-संबंधियों

की बातें छोड़ो, मेरा जमीर मुझे क्या इसकी इजाजत देता ? हर दिन...

सुलग्ना : कहो न, क्या हर दिन..?

अपर्णा : छोड़ो उन बातों को। मुझे सिर्फ इतना बताओ – चित्रसेन क्या तुम्हारी बात नहीं सुनते हैं, तुम्हारा ख्याल नहीं रखते? वो क्या अच्छे इंसान नहीं हैं?

सुलग्ना : हाँ, इंसान..! *(अपनी उंगली से शून्य में हाथ और पैर की आकृतियाँ उकेरते हुए एक आदमी का अक्स बनाती है)* एक अच्छा इंसान, जिसके दो पाँव हैं, दो हाथ, दो आँखें, दो कान, एक मुँह.. हाँ, हाड़-माँस का चलता-फिरता एक इंसान ! जो पैसा भी अच्छा कमाता है। यूं कहें कि चलता-फिरता एक एटीएम !

अपर्णा : ऐसा क्यों कह रही है तू?

सुलग्ना : क्या गलत कहा मैंने, माँ ? तूने ही यह बात उठाई, मैंने तो उसका सिर्फ जवाब ही दिया है बस। सुन लो, मैं कहे देती हूँ, आइंदा 'दो से तीन होने वाला' यह प्रसंग तुम मेरे सामने नहीं उठाओगी। बहुत बर्दाश्त कर लिया मैंने, अब और नहीं। चित्रसेन ने

एक बार भी अगर कुछ कहा तो मैं अपने कपड़े-लत्ते लेकर सीधे यहाँ आ जाऊँगी। तुमलोगों को अगर कोई ऐतराज हो तो फिर किराये के अपार्टमेंट में चाहे मैं रह लूँगी, पर चित्रसेन के साथ कतई नहीं।

अपर्णा : सुलग्ना !

सुलग्ना : मैं जानती हूँ, मेरा यह जवाब तुम्हें अच्छा नहीं लग रहा होगा। पर क्या करूँ, मैं विवश हूँ। चित्रसेन के साथ रहते हुए मुझे शादी-ब्याह जैसे शब्द से ही नफरत होने लगी है। कभी कभी तो मैं यह सोचती हूँ कि शादी-वादी का यह रिवाज रहेगा ही नहीं, अधिक समय तक कतई टिक नहीं पाएगा। हाँ, मेरे पिताजी जैसे लोग हों तो अलग बात है। वह भी किस्मत की बात है। उन्हें हर बात की समझ है, तभी तो राकेश के साथ मेरी शादी के प्रस्ताव को उन्होंने कोई विरोध नहीं किया था। सिर्फ तूने ही विरोध किया था। तेरी वजह से ही मेरी जिंदगी तबाह हो गई।

अपर्णा : क्या ऊटपटाँग बके जा रही है तू। चित्रसेन को तू जितना बुरा समझ रही है वह वैसा है नहीं।

सुलग्ना : वह कैसा है.. अच्छा है या बुरा, तुम्हें क्या मालूम? कभी तुमने हमारी गृहस्थी देखी है? उसकी दिनचर्या को तुमने देखा है कभी।

अपर्णा : मतलब? तू क्या कहना चाहती है?

सुलग्ना : जो कुछ तूने सुना।

अपर्णा : वे क्या शराब पीते हैं?

सुलग्ना : नहीं।

अपर्णा : उनका क्या किसी और लड़की के साथ रीलैशन है?

सुलग्ना : किस लड़की को इतनी गरज पड़ी है, जो ऐसी किसी मशीन के साथ रीलैशन रखेगी। इमोशन क्या होती है, चित्रसेन क्या जानता है?

अपर्णा : शराब की लत नहीं है उसमें, किसी लड़की के साथ गलत संबंध भी नहीं है। फिर तू उस पर इतनी बिगड़ती क्यों है? देख सुलग्ना, तुम दोनों ही हमउम्र हो, समझदार हो। तनख्वाह भी अच्छी है। कोई किसी पर डिपेंड भी नहीं करता। तेरे माँ-बाप जैसे तेरे लिए चिंतित हैं उसके माँ-बाप को भी उसकी चिंता रहती होगी। तेरी नाराजगी की बात

पता जब उन्हें पता चलेगी तो उन्हें तकलीफ होगी या नहीं?

सुलग्ना : माँ, यह तेरी एक समस्या है। सारी दुनिया की चिंता सिर पर लिए फिरती हो, पर तेरी अपनी बेटी के लिए तनिक भी चिंता नहीं है। सुनो माँ, मैं साफ-साफ कहे देती हूँ। कोई क्या सोचेगा या नहीं सोचेगा, यह सोच कर मैं अपनी जिंदगी के साथ कॉम्परोमाइज़ नहीं कर पाऊँगी। पाँच साल मैंने यह सब करके देख लिया, अब और कितना बर्दास्त करूँ? मैंने पहले भी तुझे कहा है, अब फिर कहती हूँ। चित्रसेन एक इंसान नहीं, इंसान के रूप में महज चलती-फिरती मशीन हैं। अपनी ही जिंदगी को मैं बड़ी मुश्किल से घसीट रही हूँ। अब बच्चे वगैरह की बात मुझसे मत कर।

अपर्णा : ठीक है, अब नहीं कहूँगी। कह कर मैंने बड़ी गलती की। लेकिन क्या मैं यह जान सकती हूँ कि चित्रसेन में ऐसा क्या है जो तुझे इतना विचलित करता है और तुम परेशान हो जाती हो।

सुलग्ना : तुम समझ नहीं पाओगी मम्मा। अपना करियर, दफ्तर, मोबाइल, शेयर मार्केट के अलावा और

किसी चीज में उनका इंटरेस्ट नहीं है। न संगीत, न सिनेमा, न नाटक, न पेंटिंग, न पार्टी, न रिश्तेदारी – उन्हें किसी चीज का शौक नहीं है। मेरे पापा को देखो.. संगीत और नृत्य उनके शौक में शुमार है। पेंटिंग, लिटरेचर, थियेटर, ड्रामा... हर विधा में वे रुचि रखते हैं।

अपर्णा : हुँ !

सुलग्ना : दिन भर दफ्तर में मगजपच्ची करने के बाद घर आने पर एक इंसान क्या चाहता है? क्या चाहती है एक महिला? आसमान में सिर्फ सूरज ही नहीं, चाँद भी है तारे भी हैं। चाँद उस अनुभूति का प्रतिनिधित्व करता है, जिसे इंसान एकांत में ढूँढता है। तारे इंसान के नन्हे-नन्हे सपनों के प्रतिनिधि हैं। कभी तुम अपने बारे में सोचना और फिर मेरे बारे में। तब तुम्हें मालूम चलेगा कि तेरे पास क्या है और मेरे पास क्या नहीं है। अगर मुझे राकेश का साथ मिला होता तो शायद वह सब आज मेरे पास भी होता जो तेरे पास है।

सुलग्ना : मैं यह नहीं कह रही हूँ कि मेरे पास कुछ भी नहीं है। नौकरी है, तनख्वाह है, अपार्टमेंट है, कार है पर

सुख नहीं है, शांति नहीं है। *(सुलग्ना अचानक अंदर चली जाती है)*

अपर्णा : *(वहाँ अनुपस्थित सुलग्ना के लिए)* कितनी सहजता से मेरी बिटिया कह गई कि मैंने जानबूझ कर उसकी जिंदगी बर्बाद कर दी। मेरे पास सब कुछ है, उसके पास कुछ भी नहीं। सब कुछ जानते हुए मैंने उसकी सुख-शांति छीन ली। नहीं सुलग्ना, कोई भी माँ जानबूझ कर अपनी बेटी की सुख-शांति छिनती नहीं। यह तेरे मन का भ्रम है। कलाकार के पास रंग है तो क्या वह आसमान का रंग लाल कर देगा? नहीं, आसमान लाल नहीं है। आसमान नीला था और नीला ही रहेगा हमेशा।

[मंच पर अंधेरा छा गया]

***

दूसरा दृश्य

[सुलग्ना और चित्रसेन का कमरा। समय सुबह। दोनों दफ्तर के लिए निकलेंगे। सुलग्ना जितनी व्यवस्थित है, चित्रसेन उतने ही अव्यवस्थित। सुलग्ना रसोई से एक-एक कर टेबुल पर जल्दी जल्दी नाश्ता रख रही है। चित्रसेन कपड़े पहनते हुए अंदर से आता है। तौलिए से सिर पोंछते हुए गीले तौलिए को डाइनिंग टेबुल की कुर्सी पर जल्दबाजी में रख देता है। कुछ समय बाद चित्रसेन अखबार पढ़ कर बिस्तर पर ही रख देता है। मोबाइल पर बात करते हुए अनमने भाव से बिस्तर पर लैपटॉप खोल कर देख रहा है।]

सुलग्ना : नाश्ता कर लो, देर हो रही है। *(चित्रसेन नाश्ता करते हुए मोजे पहनता है। गलती से दोनों पैरों में उसने दो अलग-अलग रंग के मोजे डाल रखे हैं।)*

सुलग्ना : *(सुलग्ना अपने दाहिने हाथ से सैंडविच देते हुए बाएं हाथ से चित्रसेन को एक मोजा दे रही है)* लो !

चित्रसेन : पहन लिया है मैंने।

सुलग्ना : अपने को जरा ऑर्गनाइज करो। तुम्हारे दोनों पैरों में अलग-अलग रंग के मोजे हैं।

चित्रसेन : *(अपने पैरों को देखता है)* ओ सॉरी ! *(फिर सुलग्ना के हाथों से मोजा लेकर पहन लिया)* धन्यवाद..!

सुलग्ना : बात-बेबात धन्यवाद से काम चलाने के अलावा अपने लिए एक असिस्टेन्ट रख लो। पहले जैसे जमींदार के पीठलग्गू हाथ में पान का बटुआ लेकर उनके पीछे-पीछे भागते फिरते थे, वैसे ही वह आदमी तुम्हारे पीछे-पीछे भागता फिरेगा।

चित्रसेन : क्यों ? क्या हो गया ?

सुलग्ना : नहीं-नहीं, कुछ हुआ कहाँ? तुम्हारा होगा भी क्या? कितनी बार कहा है कि अपनी चीजों को इधर-उधर फेंका मत करो, उन्हें अपनी जगह पर रखो। एकबार भी तुमने मेरी बात सुनी? गीला तौलिया, अखबार, मोबाइल, कार की चाबी, पर्स, पैंट-शर्ट, यहाँ तक कि तुम्हारी बनियान-अन्डरवियर की खबर रखते रखते पाँच साल गुजर गए। अब से अपनी जिम्मेदारी खुद उठाओ।

चित्रसेन : लेकिन तुमने नोटिस किया होगा, पहले से मैं बहुत सुधर गया हूँ। क्या है न, बचपन से ही बड़े लाड-प्यार से मैं पला-बढ़ा। मम्मी-पापा ने कभी टोका

नहीं। उसके बाद तो मैं हॉस्टल चला गया। इसीलिए तो...

सुलग्ना : एक आदमी के अनैटमी के अनुसार उसके ब्रेन का आकार शरीर की तुलना में दस प्रतिशत से भी कम होता है। उस हिस्से में अगर कुछ खराबी आ जाती है तो आदमी को लकवा मार जाता है। हॉस्टल की बातें अब इतिहास बन चुकी है। तब तुम्हें कोई रोकता नहीं था, बताता नहीं था। लेकिन पिछले पाँच साल से तो मैं तुम्हें बता रही हूँ। बता-बता कर थक चुकी हूँ। और कुछ करो या नहीं, पर अपने सामान का ख्याल तो खुद रखो। *(चित्रसेन सैंडविच खाते हुए टिशू-पेपर ढूंढ रहा है। सुलग्ना उसके हाथ में टिशू-पेपर बढ़ा दे रही है। फिर चाय बना कर चित्रसेन के सामने कप बढ़ा दिया।)* पर क्या तुम सुनते भी हो? कभी तुमने यह सोचा है कि हम दोनों एक ही साथ दफ्तर के लिए निकलते हैं। और अपना-अपना काम खत्म कर शाम को वापस आते हैं। वापस आ कर तुम्हें जितनी थकावट होती है, मैं भी उतनी ही थक जाती हूँ। है न?

चित्रसेन : बिल्कुल सही।

सुलग्ना : तो फिर तुम इस उम्मीद में क्यों रहते हो कि मैं आकर तुम्हें चाय या कॉफी बना कर दूँ? पानी लाकर दूँ। तुम से पहले आकर तुम्हारा इंतजार करूँ। चाय पिला कर डिनर की तैयारी में लग जाऊँ। आजतक कभी तुमने एकबार भी मुझे चाय या कॉफी बना कर दी है? क्योंकि तुम्हारी नजर में पत्नी एक होम-मेकर है। घर के तमाम काम की जिम्मेवारी उसकी है। पुरुष-प्रधान मानसिकता से तुम मुक्त नहीं हो पाए हो। लेकिन तुमने कभी यह सोचा है कि मुझे भी तो थोड़े आराम की जरूरत हो सकती है और थोड़ी शांति की भी।

चित्रसेन : सही कह रही हो। *(चित्रसेन ने अपना पानी का गिलास और कॉफी मग सुलग्ना को पकड़ा दिया। सुलग्ना कॉफी पी रही थी)* आज दफ्तर में मुझे एक प्रेज़न्टैशन देना है। पचास करोड़ का एक ऑर्डर उस पर निर्भर करता है। सॉरी सुलग्ना, दफ्तर के लिए मुझे जरा जल्दी निकलना पड़ेगा। लॉक करके तुम बाद में आ जाना। इस प्रेज़न्टैशन के ऊपर मेरा अगला प्रमोशन भी निर्भर करता है।

चित्र प्रतिमा # 75

सुलग्ना   : बेस्ट ऑफ लक! *(चित्रसेन जाते-जाते वापस आ गया।)* क्या हुआ, वापस क्यों आए?

चित्रसेन   : कार की चाबी…

सुलग्ना   : *(सुलग्ना ने चित्रसेन की ओर देखा, फिर कार की चाबी उसके हाथ में बढ़ा दी। चित्रसेन के होंठ पर सैंडविच का टुकड़ा लगा था, सुलग्ना ने उसे टिशू-पेपर से पोंछ दिया)* सैंडविच लगा था।

चित्रसेन   : ओके-ओके! थैंक यू!

तीसरा दृश्य

[दो महीने बाद। अपर्णा और चित्तरंजन का मकान। डाइनिंग टेबुल पर चित्तरंजन, चित्रसेन और सुलग्ना खाना खाने बैठे हैं। अपर्णा उन्हें खाना परोस रही है। चित्तरंजन मोबाइल देखते हुए खाना शुरू करते हैं। बाएं हाथ में काँटा चम्मच और दायें में चम्मच पकड़ने के बदले वे अक्सर उल्टा पकड़ लेते हैं।]

सुलग्ना : *(चित्रसेन से)* फिर तुमने फोर्क और स्पून को उल्टा पकड़ा है।

चित्रसेन : आखिर खाना ही तो है, जैसे भी हो चलेगा।

सुलग्ना : चलेगा कैसे? टेबुल एटीकेट कुछ है भी या नहीं ! हर काम में तुम्हारी यह 'चलेगा' वाली सोच मुझे अच्छी नहीं लगती।

चित्तरंजन : ये फोर्क, स्पून.. विदेशी संस्कृति है। हमारे व्यवहार में पहले ये नहीं थे। अंग्रेज इन्हें हमारे ऊपर थोप कर चले गए। मैं तो अक्सर हाथ से ही खाता हूँ।

सुलग्ना : हो सकता है। लेकिन जब हम उनका व्यवहार करते हैं तो हमें उचित तरीके से ही करना चाहिए।

नहीं तो, पार्टी में या होटल में साथ बैठे लोग क्या सोचेंगे? *(चित्रसेन सुलग्ना की ओर देखता है। उसके देखने के अंदाज से उसका कहना था कि इस परिस्थिति में उसका ऐसा कहना उचित नहीं था। अपर्णा ने इसे भांप लिया और झट से उसने उस प्रसंग को बदलते हुए कहा...)*

चित्रसेन : अरे तुमलोग केरल घूमने गए थे न ! कहाँ-कहाँ घूमे ?

चित्रसेन : हाँ, मम्मी केरल गए थे। गॉडस ओन लैंड... ईश्वर का अपना स्थान ! बेहद खूबसूरत ! बड़ा ही कॉमफ़रटेबुल !

सुलग्ना : हाँ-हाँ, खा-पी कर आराम से सोने की जगह जहाँ मिल गई, समझ लो वह ईश्वर की ही जगह है।

चित्रसेन : हमलोग त्रिवेंद्रम, कोचीन, ऐलेपी होते हुए मुन्नार गए थे। बहुत घूमे।

सुलग्ना : गए तो थे बहुत दूर, पर ज्यादा कुछ देख नहीं पाए।

चित्तरंजन : क्यों? बेमौसम बारिश हो गई थी क्या? वहाँ का मौसम बड़ा ही अनप्रेडिक्टेब्ल है।

सुलग्ना : नहीं-नहीं, बारिश नहीं हुई थी। जनाब जहाँ भी गए, रोबोट की तरह गए और वापस होटल आ गए। टैक्सी में गए और आए। कान पर हमेशा मोबाइल लगा रहा। बाहर न कुछ देखने की इच्छा थी और न ही आग्रह था। होटल में भरपेट खा लिए और एसी वाले कमरे में सो गए। बस जनाब को शांति मिल गई। घूमना हो गया।

चित्रसेन : क्यों ? भूल गई, ऐलेपी हाउस-बोट में भी तो हमने अच्छा समय बिताया था। पूरे अट्ठारह घंटे।

सुलग्ना : हाँ, हाँ... पूरे बारह घंटे बीते थे बोट में सोते हुए ! *(अपने पिताजी को)* आप कुछ भी कह लें पापा, हमारी छुट्टियाँ मिट्टी में मिल गई। पापा, आप साथ होते तो मजा आ जाता। आपको याद है न, स्कूल में पढ़ने के दौरान हम एकबार कोचीन गए थे। सी-बीच पर तली हुई ताजी चिंगड़ी खाए थे हम, आज भी उसका स्वाद मेरी जुबान पर ताजा है। बड़ा मजा आया था।

अपर्णा : *(बात बदलते हुए)* और कहाँ-कहाँ गए थे, चित्रसेन? त्रिवेंद्रम के पद्मनाभस्वामी मंदिर में तो तुम्हें धोती पहननी पड़ी होगी।

चित्रसेन : *(नाक-भौं सिकोड़ते हुए)* अरे हाँ, बड़ी समस्या हुई थी वहाँ। वहाँ के उस रिवाज में औरतों को तो कोई तकलीफ नहीं थी, परंतु पुरुषों के लिए तयशुदा ड्रेसकोड था। डिस्गस्टिंग ! इतने लोगों के सामने कपड़े बदलना बड़ा ही अटपटा सा लगा था। सुविधाजनक नहीं था।

सुलग्ना : समस्या किस बात की थी? उस मंदिर की सैकड़ों साल से चली आ रही वह परंपरा है। सभी मानते हैं, तुम कैसे नहीं मानोगे?

चित्रसेन : मैंने ये कहा क्या ? मैंने भी तो उस परंपरा को निभाई न, क्यों?

चित्तरंजन : *(अपर्णा को)* अरे हाँ, तुमने आज खीर बनाई थी न! भूल गई क्या? लाओ-लाओ ! चित्रसेन को खिलाओ।

अपर्णा : हाँ-हाँ, मैं तो केरल के बारे में सुन रही थी। ला रही हूँ सभी के लिए मैं खीर। *(खीर लेने अंदर गई, फिर आई। अलग-अलग कटोरी में उन्हें परोस दिया)*

चित्तरंजन : तुमलोगों को केरल कमोबेश अच्छा ही लगा होगा। लेकिन इसका बड़ा कारण क्या है जानते हो चित्रसेन?

चित्रसेन : प्राकृतिक सुंदरता ! चारों ओर पहाड़, हरियाली, झरने और झील। पानी और पेड़-पौधे, यही दोनों ही तो केरल की विशेषता है।

चित्तरंजन : दूर-दूर तक जिधर भी नजर जाती है, ये दोनों ही दिखते हैं, पानी और पेड़-पौधे, तभी तो तुमने झट से यह कह दिया। पर नहीं, ऐसी भी कुछ चीजें हैं जिसे हम अनुभव तो कर सकते हैं, पर आँखों से हमें वह दिखती नहीं है। उस जगह की विशेषता वही होती है। मैं समझता हूँ, यानी अगर कॉर्पोरेट भाषा में कहूँ तो केरल की यूएसपी, यानी 'यूनीक सेलिंग पॉइंट' वहाँ की कानून-व्यवस्था है। *(अपर्णा प्रवेश करती है)* सैलानियों को वहाँ भय नहीं लगता। उसे वहाँ यह महसूस ही नहीं होता है कि वह कहीं बाहर से आया है। सचमुच केरल पर्यटकों के लिए निहायत ही एक सुरक्षित राज्य है।

सुलग्ना : हाँ-हाँ, सही कहा। एक दिन रात ग्यारह बजे समंदर के किनारे मुझे घूमने की इच्छा हुई थी। होटल के रिसेप्शनिस्ट से मैंने पूछा। सोचा, वह कहेगा कि इतनी रात में निकलना सुरक्षित नहीं होगा। पर उस आदमी ने कहा कि आप बेखौफ जाइए। शतप्रतिशत गारंटी देता हूँ, कोई समस्या नहीं होगी।

अपर्णा : अच्छा, तो फिर तुमलोग इतनी रात गए क्या?

सुलग्ना : *(चित्रसेन की ओर इशारा करते हुए)* कहो, कहो न।

चित्रसेन : नहीं, हम गए नहीं। क्योंकि किसी दूसरे से सुनना और अपने अंदर आत्मविश्वास पैदा होना – दोनों में काफी अंतर है।

अपर्णा : वो भी सही है।

सुलग्ना : *(अपर्णा को)* क्या सही है? जिंदगी क्या लकीरों वाली एक अभ्यास पुस्तिका है? अक्षरों को उन लकीरों के बीच सिर्फ सीधे-सीधे लिखने का बस अभ्यास करते रहना है ! नो एडवेंचर ऐट ऑल !

चित्तरंजन : सुलग्ना भी ठीक कह रही है। क्योंकि जिंदगी में ऐसे अवसर बहुत कम आते हैं... सागर का किनारा हो, पति-पत्नी दोनों बैठे हों। नारियल के पत्तों की झुरमुट से चाँद झाँक रहा हो। दहाड़ें मारती हुई लहरों की आवाज आ रही हो। चाँदनी रात ढलने की कगार पर हो...! ऐसा नजारा सचमुच क्या बारबार आता है। इन सब के बगैर जिंदगी इकहरे सुर की तरह उबाऊ हो जाता है। रोमांच और एडवेंचर के बिना जीवन नीरस बन जाता है।

चित्रसेन : आप भी ठीक कह रहे हैं। बहरहाल मेरी नीति 'ज़ीरो रिस्क अप्रोच' वाली है। दलदल में घुसना ही क्यों, पैर धोना क्यों? अनजान जगह पर समंदर के किनारे जाएँ क्यों, बेवजह परेशानी मोलें क्यों?

सुलग्ना : *(चित्रसेन को, तंज कसते हुए)* अच्छा तभी तो होटल के कमरे में एसी चला लो और कंबल ओढ़ कर बेफिक्र सो जाओ। *(फिर गुस्से में आकर)* अगर यही करना था तो इतने पैसे और छुट्टियाँ बरबाद कर केरल जाने की क्या जरूरत थी?

अपर्णा : *(सुलग्ना को रोकते हुए)* सुलग्ना !

सुलग्ना	: *(खीर की कटोरी को सामने की ओर सरकाते हुए)* और नहीं खाऊँगी। ले जा, तू खा ले। *(डाइनिंग टेबुल से उठ गई)* *(वहाँ से जाते हुए गुस्से से अपना टिशू-पेपर चित्रसेन के हाथ में दे कर चित्रसेन से कहती हुई कमरे से बाहर चली गई)* नीचे कार में मैं इंतजार कर रही हूँ। *(चित्तरंजन और अपर्णा उसे जाते हुए देखते रहे)*
चित्तरंजन	: तुमलोग बातें करो। कल इतवार है, गाँव जाना है। मुझे सामान पैक करना है। *(चित्तरंजन दूसरे कमरे में चले जाते हैं)*
अपर्णा	: *(चित्तरंजन से)* थोड़ी और खीर देती हूँ !
चित्रसेन	: नहीं-नहीं, बस !
अपर्णा	: क्यों, अच्छी नहीं लगी ?
चित्रसेन	: नहीं, बहुत अच्छी थी।
अपर्णा	: एक बात कहूँ? तुम दोनों की अच्छी कमाई है। दोनों पर किसी की जिम्मेदारी भी नहीं है। वैसे तुम्हारी और कोई समस्या भी नहीं है। कभी कोई ऊँच-नीच हो जाए तो घर पर तुम्हारे माँ-बाप हैं,

हम भी यहाँ हैं। फिर भी तुम दोनों के बीच इतनी वैमनस्यता क्यों। दोनों के बीच इतनी दूरी क्यों?

चित्रसेन : ये आप सुलग्ना से पूछिए।

अपर्णा : तुम उसे जरा समझा क्यों नहीं देते। ऐसे क्या कोई गृहस्थी चलती है।

चित्रसेन : देखिए, मैं आपको बताना नहीं चाह रहा था। आपने यह बात उठाई है, इसलिए मैं आपको बताने के लिए मजबूर हूँ। *(कार का हॉर्न बजा)* समस्या सुलग्ना की है। हमेशा वह दूसरों के साथ अपनी तुलना करती है। दूसरों के करियर, घर और वर के साथ अपने करियर, घर और वर की तुलना ! दिन में कम से कम पाँच बार पिताजी के साथ मेरी तुलना करते हुए आलोचना करती है। वे तुलना बेमानी हैं। तुलना की गणितीय कसरतबाजी में अंततः दुःख ही शेष बचता है। पिछले पाँच साल से सुलग्ना को खुश रखने के लिए मैंने हर तरह की कोशिशें की। उसकी सभी जरूरतें पूरी की। उसने जहाँ जाना चाहा, मेरी इच्छा हो या न हो, उसे मैं ले गया। मेरे लिए जो भी संभव हो सका मैंने किया। फिर भी वह खुश नहीं हुई। इससे अधिक करना

अब मेरे लिए संभव नहीं है। तभी तो मैं उसके साथ एडजस्ट कर रहा हूँ। जितने दिन तक चलता है, अच्छा है। नहीं तो... मैं हेल्पलेस हूँ। *(कार का हॉर्न फिर बजा)*

अपर्णा : *(चित्रसेन की बातों से अपर्णा को तकलीफ हुई। कुर्सी की पीठ पर पीठ टिका कर निढाल-सी कमरे की छत की ओर देखने लगी)*

चित्रसेन : सुलग्ना नीचे कार में इंतजार कर रही है। मैं चलता हूँ। कल सुबह मुझे गाँव जाना है।

[मंच पर अंधेरा छा गया]

**

चौथा दृश्य

[अपर्णा और चित्तरंजन अपने बेड-रूम में हैं। रात बहुत हो चुकी है। चित्तरंजन आँखें बंद किए बिस्तर पर पड़े हैं। अपर्णा की आँखों में नींद नहीं है।]

चित्तरंजन : अब तक तुम सोयी नहीं?

अपर्णा : तुम्हें नींद आ रही है क्या?

चित्तरंजन : सोना तो पड़ेगा। रात जागने से क्या होगा? वे दोनों ही समझदार हैं। उन्हें जो भी निर्णय लेना है, लेंगे। उनकी समस्याओं को उन पर ही छोड़ दो। उनमें हमारा हस्तक्षेप उचित नहीं होगा।

अपर्णा : तुम कैसे बाप हो? मेरी बेटी वहाँ अशान्ति में दिन काट रही है। दामादजी कह गए कि वे एडजस्ट कर रहे हैं, इससे ज्यादा कुछ और नहीं कर पाएंगे। जिसका मतलब यह हुआ कि अगर ज्यादा कुछ हुआ तो वे अलग होने के लिए नोटिस भेजेंगे। इतना सुनते हुए भी आप इत्मीनान से कैसे सो पा रहे हैं?

चित्तरंजन : सब कुछ इतना सिरीयसली क्यों ले रही हो तुम? हर बात को किसी लॉजिकल कन्क्लूज़न की ओर क्यों ले जाती हो? सुलग्ना बड़ी इंटेलिजेंट है। उसकी गृहस्थी उसे संभालने दो।

अपर्णा : गृहस्थी 'इंटेलिजेंस' से नहीं चलती, 'इमोशन्स' से चलती है। जहाँ 'इमोशन' या आवेग नहीं है वहाँ गृहस्थी टिकेगी कैसे?

चित्तरंजन : रात जागने से तुम्हारे स्वास्थ्य की समस्याएं बढ़ जाएंगी। तुम जरा सोने की कोशिश करो। सुलग्ना पर मेरा विश्वास है। वह आज की लड़की है। उसने पढ़ाई की है, नौकरी भी अच्छी है। ... मुझे लगता है कि तुम कुछ ज्यादा ही फिक्र कर रही हो।

अपर्णा : जाने क्यों आजकल मैं अपनी बेटी के पास 'गिल्टी' फ़ील कर रही हूँ। तब अगर राकेश के साथ उसके रिश्ते को मैंने मान ली होतो तो शायद...

चित्तरंजन : फिर वही ढाक के तीन पात।

अपर्णा : इसी शहर में मेरी बेटी रहती है। अच्छा अपार्टमेंट, मंहगे फर्नीचर, मंहगी कार... किसी बात की कमी

नहीं है। फिर भी दुखी रहती है। रोती रहती है हमेशा।

चित्तरंजन : सो जाओ। रात बहुत हो चुकी है। कल सुबह मुझे भी गाँव जाना है। कल जरा पौधों को ट्रिम कर देना। सूखे पत्तों को निकाल देना। चलो अब सो जाते हैं।

**

पाँचवाँ दृश्य

[इतवार की दोपहर। चित्तरंजन गाँव गए हुए हैं। घर पर अपर्णा है। सुलग्ना आई है अकेली, चित्रसेन नहीं आए हैं। अपर्णा ने बेटी की पसंदीदा मछली पकाई थी। लंच हो चुका था।]

[दृश्य शुरू होता है... अपर्णा डाइनिंग टेबुल पर पड़े जूठे बर्तन उठा रही है।]

सुलग्ना : *(अपनी माँ, अपर्णा से)* वाह ! बड़े दिनों बाद आज एक लाजवाब लंच खाने का मौका मिला। खईंगा मछली बड़ी अच्छी बनी थी। तेरी रसोई के सामने बड़े-बड़े होटल के शेफ भी हार मान जाएंगे, मम्मा।

अपर्णा : तुझे भूख लगी थी, शायद इसलिए तुझे सब्जी अच्छी लगी। नहीं तो क्या तेरे लिए मैंने पहले कभी खईंगा मछली बनाई न थी या तूने कभी खाई न थी।

सुलग्ना : नहीं मम्मा, पिछले एक साल से तूने ऐसी सरसों वाली खईंगा कभी नहीं बनाई। वैसे भी आज की सब्जी का रंग, खुशबू, स्वाद ... सब कुछ लाजवाब था।

अपर्णा : इतनी तारीफ मत किया कर।

सुलग्ना : देखो मम्मा, मुँह से हम खाते तो हैं, पर मुँह से खाने से पहले हमारी आँख और नाक उसका स्वाद ले चुके होते हैं। अगर सब्जी का रंग आँखों को भाया नहीं या उसकी खुशबू नाक को सुखद नहीं लगी, तो वह सब्जी मुँह को भी रुचिकर नहीं लगेगी।

अपर्णा : जा, अंदर जा कर बिस्तर पर लेट जा। मैंने कस्टर्ड बनाया है। तेरे लिए लेकर आती हूँ, वहाँ तेरे पास।

सुलग्ना : तुझे चित्रसेन ने फोन पर कुछ कहा है क्या?

अपर्णा : नहीं तो, न किसी ने कुछ कहा है और न ही फोन किया है। तू जा, आराम कर। मैं रसोई को सहेज करके आती हूँ। *(कमरे से बाहर रसोई में चली जाती है)*

[चित्तरंजन का स्टडी रूम। एक लाइब्रेरी नुमा कमरा। कंप्युटर, म्यूजिक सिस्टम रखा है। रैक पर हैं ढेरों म्यूजिक सीडी, चित्तरंजन के पास सीडी का अच्छा संग्रह है।]

[सुलग्ना कमरे में प्रवेश करती है। चारों ओर देखती है। टेबुल पर पड़ी नई सीडी और पेन ड्राइव को देखती है। मन ही मन गायक-गायिका का नाम पढ़ती है..

(नेपथ्य से सुलग्ना की आवाज) बेगम अख्तर, फरीदा खानम, गुलाम अली, उस्ताद अमानत अली खाँ, जगजीत सिंह, भूपिंदर सिंह.. कितने खूबसूरत गीतों का कलेक्शन है पापा के पास। बचपन में मैं इन्हें उबाऊ गाने कह कर पिताजी को चिढ़ाती थी। चलो, भूपेन हजारिका का यह गीत सुनते हैं। हाँ, पर धीमी वॉल्यूम पर। नहीं तो, माँ अगर सुनेगी तो दौड़ती हुई आकर कहेगी, तू यहाँ क्यों आई है? अरे, मेरे पापा का रूम है, आई हूँ मैं। यह कोई निषिद्ध-क्षेत्र है जो यहाँ नहीं आ सकती।]

[सुलग्ना एक गाना लगाती है। पिताजी की कुर्सी पर आखें मूँद कर गीत का लुत्फ ले रही है। गाना सुनते हुए खड़ी हो कर शेल्फ में देखती है, पिताजी ने क्या रखा है। एक-एक दराज खोलती है।]

सुलग्ना : *(दराज में ढूंढते हुए)* देखूँ, इसमें क्या रखा है पिताजी ने।... पुरानी चिट्ठियाँ? रुपये-पैसे? धत ! पिताजी और रुपये ! शायद जमीन के कागजात होंगे। यह खुलती क्यों नहीं। जहाँ पाबंदी है, वहीं आकर्षण है। नहीं-नहीं, देखता हूँ क्या है ! कुछ तो होगा !

(सुलग्ना ने जोर लगा कर दराज को खींचा, दराज गिर पड़ी। पास में एक फ़ोटो थी, गिर कर टूट गई। गिरने की आवाज, धड़ाम! संयोग से गाना भी बंद हो गया था। आवाज सुनकर अपर्णा साड़ी के आँचल से अपने गीले हाथों को पोंछते हुए हड़बड़ा कर अंदर आई।)

अपर्णा : क्या हुआ?

सुलग्ना : *(डरी हुई)* कुछ नहीं, दराज खुल नहीं रही थी। जोर लगाया तो गिर पड़ी।

अपर्णा : *(झुँझलाकर)* तू उस दराज को क्यों खोल रही थी? इतना तो तू जानती है कि किसी की गैर-मौजूदगी में उनका दराज खोलना उचित नहीं होता। मैंने आज तक तेरे पिताजी की दराज क्या आलमारी तक खोलने की धृष्टता कभी नहीं की। तू क्यों खोल रही थी?...तू इस कमरे में आई ही क्यों?

सुलग्ना : *(आश्चर्य से)* मतलब, क्या तू इस कमरे में नहीं आती है!

अपर्णा : आती हूँ, जब तेरे पापा चाय-कॉफी मांगते हैं, तब उन्हें देने आती हूँ। जब वे नहीं होते, मैं बिल्कुल नहीं आती। लेकिन मैं उनके किसी दराज या आलमारी को तो कभी खोलती ही नहीं।

सुलग्ना	: लेकिन चित्रसेन के सोते हुए मैं तो उसके कब्बर्ड, दराज आदि छान मारती हूँ। उनका मोबाइल लेकर व्हाट्सएप्प मेसेज पढ़ लेती हूँ।

(सुलग्ना टेबुल के पास आई)

अपर्णा	: वहीं बैठी रह। मैं जरा साफ कर दूँ। कांच के टुकड़े पड़े होंगे फर्श पर, पाँव में चुभ जाएंगे।
सुलग्ना	: *(नीचे फर्श पर ताकते हुए)* नहीं, यहाँ कुछ भी तो नहीं है यहाँ।
अपर्णा	: कहा न, वहीं बैठी रह ! हिलना नहीं !

(अपर्णा झाड़ू लाकर बुहारने लगती हैं)

अपर्णा	: तू हमेशा मुझे ही दोषारोप करती है कि मैंने तेरी शादी राकेश के साथ होने नहीं दी। लेकिन तूने क्या कभी यह समझने की कोशिश की है कि मैंने उस रिश्ते को मंजूरी तब क्यों नहीं दी थी? मैं भी एक नारी हूँ। मैं जानती हूँ कि एक नारी की तुलना किसी दूसरी नारी के साथ करने पर उसे कितनी चोट पहुँचती है ! कितना अपमानित महसूस करती है वो ! उसे कितनी तकलीफ होती है !

सुलग्ना	: क्या कहना चाहती है माँ तू?
अपर्णा	: राजेश की पहली पत्नी इस राज्य की एक मेधावी छात्रा थी। एक आइपीएस अफसर होने के साथ-साथ वह नृत्य, संगीत, चित्रकारी वगैरह में भी रुचि रखती थी। अपनी शादी को टूटने से बचाने के लिए उसने भरसक कोशिश की थी। जानती है न सुलग्ना, हमारे समाज में शादी टूटने पर हमेशा लड़की को ही दोष दिया जाता है। गृहस्थी अगर टूट गई तो लड़की की निंदा अधिक होती है। पहली पत्नी को त्यागपत्र देने वाले लड़के की शादी जितनी जल्दी हो जाती है, पति को त्यागपत्र देनेवाली लड़की की शादी उतनी जल्दी नहीं हो पाती है। अधिकतर लड़कियों की दूसरी शादी ही नहीं हो पाती। उस लड़की ने भी अपनी गृहस्थी को बचाने की बहुत कोशिश की थी, लेकिन सफल नहीं हुई। तू बुद्धिमान है, पढ़ाई में भी अच्छी है। पर तू नृत्य-संगीत नहीं जानती। ऐसे में सोचो, तूने अगर राकेश से शादी की होती और अपनी पूर्व पत्नी के नृत्य-संगीत की प्रतिभा को तुमसे तुलना करते हुए दो कड़वे शब्द उसने अगर कह दिया होता तो तुम्हें कैसा लगता? पहली पत्नी के कुछ

अच्छे गुणों की सराहना करते हुए अगर वह तुझमें उन गुणों की कमियों का एहसास दिलाता तो तुझे कैसा महसूस होता?

सुलग्ना : मम्मी!

अपर्णा : देख, राकेश का परिवार हमसे अधिक धनी था। उनकी बड़ी फैक्ट्री थी। उन बातों का हवाला देते हुए अगर वह कभी अपने पिता की तुलना तुम्हारे पिताजी के साथ कर बैठता, तो क्या उस तुलना को तुम स्वीकार कर पाती? इन्हीं कारणों से वह रिश्ता मुझे मंजूर नहीं था। क्योंकि जानबूझ कर किसी के सामने मेरी बेटी छोटी हो जाए, मैं यह कतई सह नहीं पाती।

सुलग्ना : मम्मी!

अपर्णा : तू हमेशा यह कहती है कि तेरे पिता जैसे आदमी को पा कर मेरी जिंदगी सँवर गई। मानती हूँ कि इसमें मेरा कोई योगदान नहीं है, सब कुछ तेरे पिता की ही देन है। मानती हूँ, वे एक अच्छे इंसान हैं। पर किसी के संबंध में एक निश्चित धारणा बना लेना सही नहीं है। एक ही बिस्तर पर सोये

हुए दो इंसान के दिलों के बीच मीलों का फासला होता है, जिसे तय करना आसान नहीं होता। कभी तुम इसे गहराई से सोचना, समझ जाओगी। मैंने तेरे पिता के बारे में सभी बातें बताई ही नहीं। अगर कही होती तो तेरी नजरों में तेरे पिता की छवि शायद आज बदली हुई होती। तुम्हें यह मालूम नहीं है कि तेरे पिता बारबार अपनी पहली पत्नी के साथ मेरी तुलना किया करते थे। उन्हें सुन कर मैं अंदर ही अंदर रोती थी, तड़पती थी। पर तेरे चेहरे का खयाल आते ही मैं अपने आप को तुरत संभाल लेती, आँखों के आँसू पोंछ डालती। सोचती, एक पत्नी तो सब कुछ नहीं बन सकती है। पर इस बात की समझ हर पति को क्यों नहीं होती है? मुझे कम-से-कम इस बात की खुशी तो है कि चित्रसेन किसी और के साथ तेरी तुलना नहीं करते। फिर भी तू हमेशा वही गलती करती।

सुलग्ना : मम्मी!

अपर्णा : हर इंसान का एक अंधकारमय पहलू होता. है, वैसे ही जैसे होता है उसका एक आलोकमय पहलू। वस्तुतः इंसान अपने आलोकमय पहलू को सबके

सामने रखता है, जबकि अपने अंधकारमय पहलू को वह किसी को दिखाता नहीं। शायद हम भी यही करते हैं। दरअसल हम सभी यह चाहते हैं कि दूसरों की नजर में हम बड़ा दिखें, छोटा नहीं। अच्छा कहो तो, तुम्हारे पिता की तरह यदि मैं किसी और के साथ उनकी तुलना की होती, तो क्या हमारा परिवार आज टिका होता?

सुलग्ना : *(अपर्णा को पानी का गिलास बढ़ाते हुए)* मम्मी! पानी पी लो!

अपर्णा : *(पानी का गिलास मेज पर रखते हुए)* तू सुन तो सही। पानी की जरूरत नहीं है। आज मौका है, तुझे मैं अपने मन की बातें उंडेल दूँ। देख, तेरे पिता की नकारात्मक पहलू को जैसे तुमसे मैंने छिपाया है, मुझसे वादा कर, तू भी चित्रसेन के बारे में किसी से नहीं कहेगी। कल तुम्हारे भी बच्चे होंगे, बड़े होने पर वे अपने पिता को देखेंगे। उनकी आँखों में उनके पिता औरों से कैसे बड़े दिखेंगे, वह जिम्मेवारी तेरी है। तुझे यह दायित्व निभाना है।

(पानी पीती है) देख, पिता और पति दो अलग-अलग हस्तियाँ हैं। ट्रेन के साथ हवाई जहाज की

तुलना अगर तू कर बैठेगी तो गलत होगा। एक और बात मुझे कहनी है, मानेगी तू?

सुलग्ना : हाँ, कहो मम्मी। क्या मैंने कभी तुम्हारी बातों की अवहेलना की है !

अपर्णा : जैसे मैंने अपने सीने में सब कुछ दबा कर रखा है, तुझे मेरी कसम, तू भी वैसे ही सब कुछ अपने अंदर रखना। उसमें ही आनंद है, शांति है। कोई भी आदमी दूध का धुला नहीं होता, 'परफेक्ट' नहीं होता। तू नहीं, मैं भी नहीं, न ही तेरे पिता और न चित्रसेन ही। इसके बावजूद संसार से जुड़े रहने का विशेष गुण कमोबेश सभी में होते हैं, जिससे परिवार आगे बढ़ता है। आज तुझे चित्रसेन बुरे लगते हैं। कल अगर तेरा बेटा या बेटी उन्हें सर्वश्रेष्ठ पिता मानता है तो तुम क्या करोगी? अपने बच्चों को क्या मिथ्यावादी कहोगी? या खुद को गलत मान लोगी? देख, अच्छा पिता, बुरा पति या बुरा पिता, अच्छा पति.. स्वाभाविक तौर पर एक आदमी के लिए ये दोनों ही मुमकिन हैं।

सुलग्ना : मम्मी !

अपर्णा	: इंसान के अंदर दूसरों की गोपनीय बातें जानने की अव्यक्त उत्सुकता उसे वर्तमान से परे ले जाती है। बीते हुए कल की बात जानने का आग्रह उसे शक्की बना देता है तो वहीं भविष्य के बारे में जानने की इच्छा उसे भीरु। दोनों ही स्थिति में इंसान की भलाई हो या न हो पर उसके अंदर की स्वाभाविकता कफूर हो कर उसे बर्बादी की कगार पर छोड़ देती है।
सुलग्ना	: *(बेचैन होकर)* मम्मी !
अपर्णा	: जिसके पास जो नहीं है अर्थात किसी की कमी को उसे बारबार याद दिलाने के बजाय उसके पास जो कुछ मौजूद है उसके लिए उसकी सराहना करना सीखो। हो सकता है उसके पास जो कुछ है वह दूसरे किसी के पास न हो। अपने परिचितों में सिर्फ बुराइयां ढूँढना तथा किसी अपरिचित में सब कुछ अच्छाई की कल्पना करना, आदमी की एक बड़ी कमजोरी है।
सुलग्ना	: मम्मी ! क्या पापा तुझे..? *(अपर्णा गमले के पौधों के पत्तों की छटाई कर रही है। पीछे से सुलग्ना आ कर एक स्टूल पर बैठ गई)*

अपर्णा : *(अपर्णा पल भर के लिए चुपचाप सुलग्ना को देखती रही, फिर कहा)* आज तुम मुझे कुछ मत पूछो। इंतजार करो। एक दिन जब तुम्हारी औलाद होगी और तुमसे वो यही सवाल पूछेगा, तब तुम्हारा जवाब जो होगा, मेरी आज की नीरवता का अर्थ तुम्हारे उसी जवाब में मिल जाएगा। इतना समझ लो कि हरेक व्यक्ति स्वयं में एक-एक चित्र-प्रतिमा है। जैसे दशहरे की दुर्गा प्रतिमा ! सामने से दिखती है सुनहली जरी वाली एक साड़ी और रंग से पुता एक चमचमाता चेहरा जबकि उसके पीछे गारे-मिट्टी और पुआल से बना सुतली बँधा महज लकड़ी का एक ढांचा। इंसान भी उस चित्र-प्रतिमा की तरह होता है। ऊपर से वह सुंदर दिखता है जबकि अंदर से है ध्वस्त और निरा खोखला।

सुलग्ना : तीस साल बाद आज तुमसे मैं यह सुन रही हूँ। पहले तो तुमने कभी यह बताया नहीं ! *(माँ के हाथ से कैंची लेकर क्रोटन के पौधे की पत्तियों को काटने लगती है)*

अपर्णा : तब उसकी कोई आवश्यकता नहीं थी। आज यह बताना मैंने जरूरी समझा। इस संसार में कोई भी माँ यह नहीं चाहेगी कि उसकी बेटी का जीवन दुःखमय हो। ठीक उसी प्रकार कोई नारी इस बात को कभी बर्दाश्त नहीं कर पाएगी, जब कोई उसे यह कहे कि उसकी गृहस्थी में उसकी अपनी कोई भूमिका नहीं है। *(गमले से एक फूल तोड़ कर सुलग्ना अपनी माँ अपर्णा के जूड़े पर लगा देती है)*

सुलग्ना : मम्मी, मुझे ऐसा लगता है कि तू एक अजनबी नदी है, जिसकी ऊपरी सतह की शांत और शीतल धारा को ही मैंने पहचाना है। परंतु उस बहती धारा के नीचे पड़े असंख्य कंकड़ों की दुःख भरी कहानी से मैं बिल्कुल अनजान हूँ।

अपर्णा : जीवन मात्र एक परीकथा नहीं है री बिटिया। यहाँ किसी दुखियारी लड़की को अचानक सुख मिल जाए, ऐसा होता नहीं है। आदमी को सुख हासिल करना पड़ता है। अपने दुःखों को सुख के रूप में मान लेने से दुःख हल्का हो जाता है। कभी अपने पिताजी से पूछ कर देखना कि क्या तुम्हारी माँ ने

किसी दूसरे के साथ उनकी तुलना की थी कभी ? तुम्हारे प्रश्नों का जवाब उनसे मिल जाएगा।

सुलग्ना : बस मम्मी ! मुझे और कुछ नहीं पूछना है। *(अपनी माँ की आँखों के आँसू पोंछ देती है)*

अपर्णा : मत पोंछ, इन बेजुबान आंसुओं को बहने दे। तेरी माँ की आँखों से आंसुओं को बाहर आने का अवसर ही कब मिलता है ! *(एक फूल तोड़ कर अपर्णा सुलग्ना के बालों में लगा देती है)*

**

छठा और अंतिम दृश्य

[दो महीने बाद, इतवार की एक सुबह, चित्तरंजन और अपर्णा बेड-टी पीते हुए]

चित्तरंजन : दो महीने हो गए, सुलग्ना आई क्यों नहीं? आखिरी बार मैं नहीं था जब वह आई थी। तुम माँ-बेटी में कुछ कहासुनी तो नहीं हुई थी न?

अपर्णा : तुम बाप-बेटी दोनों तो एक ही थैली के चट्टे-बट्टे हो। पूछो न अपनी बेटी से। आपके पास देश-दुनिया की खबर रखने का समय है, पर दो महीने से बेटी घर क्यों नहीं आ रही है, उससे खुद न पूछ कर आप मुझे क्यों पूछ रहे हैं?

चित्तरंजन : *(खिड़की के उस पार पेड़ पर एक हल्दीवसंत चिड़िया आ कर बैठती है)* अरे, देखो वहाँ ! एक हल्दीवसंत पेड़ पर आकर बैठी है। कितनी खूबसूरत है ! हल्दीवसंत देखना शुभ होता है। इसकी एक फ़ोटो खिंचूँगा। फेसबुक पर बहुत लाइक्स मिलेंगे। कहाँ है मेरा मोबाइल ?

अपर्णा : तुम्हारे मोबाइल की बातें तुम जानो। बाथरूम जाते हुए भी तो फोन को कान पर चिपकाए रखते हो..!

चित्तरंजन : याद आया, मेरे स्टडी-रूम में शायद छोड़ आया हूँ। *(चित्तरंजन फोन लाने चले जाते हैं)*

(लैंड्लाइन फोन बज उठा, अपर्णा ने फोन उठाया)

अपर्णा : हैलो ! *(चित्रसेन का फोन है)* *(फोन के माउथपीस को हाथ से बंद कर धीरे से बुदबुदाती है)* अरे यह क्या, सुबह-सुबह दामाद जी का फोन ! उन दोनों के बीच जरूर कोई झड़प हुई होगी।

(फिर माउथपीस से हाथ हटा कर स्वाभाविक आवाज में) हैलो ! तुम्हारी आवाज नहीं आ रही है। क्या हुआ? सब कुछ ठीक है न?

चित्रसेन : *(धीमे गले से)* जी हाँ, सुलग्ना पास में सो रही है न, उठ जाएगी। इसीलिए धीरे-धीरे बोल रहा हूँ।

अपर्णा : अच्छा-अच्छा, कहो पापा को बुलाऊँ क्या?

चित्रसेन : नहीं-नहीं, पहले यह खबर मैं आपको दे दूँ !

अपर्णा : *(किसी बुरी खबर की आशंका से डरते हुए)* खबर? कैसी खबर..?

चित्तरंजन : कल हमलोग डॉक्टर के पास गए थे...।

अपर्णा : *(चौंक कर)* डॉक्टर..! क्यों..? किसे क्या हुआ?

चित्रसेन : शाम को रिपोर्ट आया..!

अपर्णा : रिपोर्ट..! मैं कुछ समझ नहीं पा रही हूँ, तुम क्या कहना चाहते हो?

चित्रसेन : मम्मी, आपको एक अच्छी खबर देने जा रहा हूँ। लेकिन सुलग्ना को यह पता नहीं चलना चाहिए कि आपको मैंने यह बताया है। वह खुद आपको बताएगी।

अपर्णा : *(खुश हो कर)* अच्छी खबर.. कौन सी अच्छी खबर..?

चित्रसेन : हमारे दो जनों के परिवार में...

(अचानक सुलग्ना नींद से जाग जाती है और चित्रसेन के हाथ से मोबाइल ले कर बात पूरी करती है)

सुलग्ना : बहुत जल्दी तीसरा आने वाला है।

अपर्णा : *(खुशी से पागल हो जाती है। आँखों से आंसुओं की धार बहने लगती है। फोन के क्रैडल को गोद में लेकर पास की कुर्सी पर धम से बैठ गई)*

(फोन पर चित्रसेन और सुलग्ना की खिलखिलाहट सुनाई दे रही है)

चित्रसेन और सुलग्ना : मम्मी.. मम्मी.. ! *(फोन कट जाता है, अपर्णा फोन को अपने स्थान पर रख देती है)*

(चित्तरंजन मोबाइल ले कर, खिड़की से झाँकते हैं)

चित्तरंजन : *(दुखी होकर)* अहा ! हल्दीवसंत उड़ गई। थोड़ी देर और रुक नहीं सकती थी वह?

अपर्णा : *(मुस्कुराते हुए)* क्यों वह रुकती? जिस समाचार को देने वह आई थी, देकर चली गई।

चित्तरंजन : मतलब...? कौन सा समाचार?

अपर्णा : चित्रसेन और सुलग्ना का फोन आया था। उनके दो जनों का परिवार बहुत जल्दी तीन होने वाला है।
(चित्तरंजन खुश होकर अपर्णा की ओर देखते हैं)

॥*नेपथ्य से खुशनुमा संगीत बजने लगता है, धीरे-धीरे मंच पर अंधेरा छाने लगता है।*॥

(समाप्त)

BLACK EAGLE BOOKS

www.blackeaglebooks.org
info@blackeaglebooks.org

Black Eagle Books, an independent publisher, was founded as a nonprofit organization in April, 2019. It is our mission to connect and engage the Indian diaspora and the world at large with the best of works of world literature published on a collaborative platform, with special emphasis on foregrounding Contemporary Classics and New Writing.

www.ingramcontent.com/pod-product-compliance
Lightning Source LLC
Chambersburg PA
CBHW060618080526
44585CB00013B/886